Caravaggio in Detail

Caravaggio
in Detail

细节中的艺术家

细节中的卡拉瓦乔

Stefano Zuffi

〔意〕斯特凡诺·祖菲 著　丁朝虹 译

河北出版传媒集团

河北教育出版社

目　录

引　言

在乔托（Giotto）之后的几个世纪中，艺术家的作品、赞助人的品味和公众的期望都令意大利绘画集中描绘处于纵深空间的人物。这套书关注的"细节"是一个场景中的功能性元素。它们引导我们理解叙事情节，唤起主题与人物的象征意义，但不具备表达的自主性。当弗莱芒艺术表现出无与伦比的解析现实世界的能力时，意大利艺术正致力于一种宏大的综合创作。

在体量和质量方面遵循绘画传统的同时，意大利艺术还加入了一些实际的考量。例如，为教堂或礼拜堂设计的大型祭坛画适宜远观，因而壁画不需要像油画那样细致入微。从"细节"的角度去了解卡拉瓦乔这样一位意大利大师，将是一个令人着迷的挑战，也可能产生出人意料的结果。

卡拉瓦乔，一位生活在罗马的 17 世纪早期的画家和杀人犯，是一位充满激情、表现力极强的艺术家，是环地中海地区的重量级人物，他彻底改变了欧洲绘画的进程。如同近 3 个世纪后的凡·高那样，卡拉瓦乔坎坷的人生经历也与其崇高的艺术紧密交织在一起。

然而，观者对艺术家个性的浪漫化的迷恋可能会带来对其作品的错误印象。我们想当然地认为，卡拉瓦乔是一个阴沉的、戏剧化的、出没于夜间的画家。从 17 世纪的第一批卡拉瓦乔传记开始，作家们就在崇拜他的绘画和批评他的行为之间摇摆不定。随着时间的流逝，卡拉瓦乔被描述为一个暴力的罪犯和一个堕落的、拒绝忏悔的罪人。焦万·彼得罗·贝洛里（Giovan Pietro Bellori）是一位反对卡拉瓦乔式自然主义、始终追求一种高贵理想的古典知识分子。他为画家描绘了一个冷酷、阴郁的外貌及道德形象："他肤色黝黑，目黑如墨，眉毛和头发也都是黑色的；这种颜色自然地反映在他的画中。"贝洛里出版这本《现代画家、雕塑家和建筑师的生活》（*Lives of the Modern Painters, Sculptors and Architects*）时，离画家孤独早逝的那个炎热夏天（1610 年），已经过去了 60 多年。但从那以后，卡拉瓦乔的形象就一直被笼罩在这种灰暗的传说中。

专注于绘画中的细节有助于我们沿着历史的脉络往回走，从新的侧面去探寻画家是怎样选择技法、建立风格的。

人民圣母（Santa Maria del Popolo）教堂切拉西礼拜堂（Cerasi Chapel）的侧壁祭坛画合同里，称卡拉瓦乔为"罗马城内的顶级画家"（Egregius in Urbe pictor）。这位画家名气达到巅峰时不过 30 岁，那时他住在马达马宫（Palazzo Madama），受到红衣主教、收藏家、赞助人和国际买家的高度追捧，以至于不得不将最著名的作品重复绘制多份。卡拉瓦乔引起的风格变化是绘画史上最快速的风格变化之一，他的风格在短短几年内被许多欧洲画家采用。卡拉瓦乔不是一个该被"诅咒"的画家，也不是一个一直违法犯罪的社会边缘人，而是一个充分意识到自己创新天赋的艺术家。他是在恰当的时间和地点出现的恰当人选，是历史和文化集中发展时期处于核心地位的领导力量。17 世纪初，只有罗马能为他的绘画与整个欧洲的即时共鸣搭建舞台、提供跳板。

如果只考虑卡拉瓦乔作品的技术、风格和构图，而不了解它们的创新意义，我们顶多只是认识到他具有博采众长、活学活用的卓越能力。这是画家费代里科·祖卡里（Federico Zuccari）面对卡拉瓦乔作品时的反应，他第一次在圣路易吉·代·弗兰切西（San Luigi dei Francesi）教堂看到圣马太主题的画作时，认为这些作品只是对乔尔乔内（Giorgione）的效仿，画中略显模糊的笔触以及俗气的颜色和服装，确实让人回想起 16 世纪早期的威尼斯绘画。

沿着这条研究路线，我们会不时发现一些卡拉瓦乔在表达方式上对前人的借鉴，如达·芬奇情感渲染的技巧，提香（Titian）浓重丰富的用色及白、黑、红三色鲜明的对比。卡拉瓦乔关于真实感的领悟来自 16 世纪伦巴第的传统，而他对静物的偏好是由私人收藏家的新需求培养出来的。当然，卡拉瓦乔并不只有对

米开朗琪罗的崇拜和对现实的观察，他的艺术也深深扎根于 16 世纪晚期的罗马艺术中，其中不乏对古典雕塑的借鉴。这些风格元素和象征文化方面的相似性还会使我们混淆卡拉瓦乔和同时代的其他大师，如博洛尼亚画派（Bolognese）的安尼巴莱·卡拉奇（Annibale Carracci）和尼德兰画派（Netherlandish）的彼得·保罗·鲁本斯（Peter Paul Rubens）。然而，卡拉瓦乔的满腔热情远远超出了那个时代，打破了所有时空的限制。他的画审视了人类永恒的激情：痛苦与温柔，牺牲与罪恶，恐怖与美丽，爱与死亡。卡拉瓦乔令我们感动，他的画像古典神话、但丁的三部曲以及同时代作家莎士比亚的悲剧那样直接与我们对话。为什么会这样？

根据流传已久的说法，卡拉瓦乔在作画时"照搬生活"，能立即捕捉人的表情、动作及情景，达到非常逼真的程度。在有关他的电影中，我们看到他在罗马一家阴暗的小客栈里，趴在简陋的桌子上专注地画画。这是一个令人印象深刻却容易让人误解的形象。事实上，这位伦巴第画家是个一丝不苟甚至有些挑剔的艺术家，他从各个角度对画作进行研究，痴迷于作画的

准备阶段，从来没有什么偶然或即兴的创作。一个极端的例子是在墨西拿（Messina）绘制《拉撒路的复活》（*The Raising of Lazarus*）时，为了描绘福音书中奇迹的主人公，他用一具死了四天的尸体作为模特。卡拉瓦乔有时会以闪电般的速度安排笔触、框定细节，但在研究和准备阶段，他会和模特们一起竭力排演，以寻找最有效的结构、表情、姿势和光线效果。正如早期传记所证实的那样，他为工作室配备了各种高度的平台、黑暗的墙壁以及来自上方的光源。此外，他购置了能达到剧院水平的布景、道具及服装。激情洋溢的自然主义以及直接而强烈的真实感，其实都是精准预想的结果，也是画家成功建立起画面与观者间直接联系的结果。卡拉瓦乔真正的创新在于强加给观众的新角色。对他来说，观众不是被动的旁观者，而是直接的目击者。他们身陷在眼前场景的中心，好像也被画中人注视着。卡拉瓦乔的绘画强烈地刺激了观者的感官，传达了一种情感，这种情感与先前绘画所寻求的智性愉悦，反宗教改革运动之下宗教艺术的启迪意图大相径庭。

所以让我们以一个新的视角去了解画家。抛开通常的时间顺序，将卡拉瓦乔于 1600 年前后 20 年间的作品视作一个整体。每一章都专注于这位米兰画家艺术的一个特定方面，如：反复出现的模特，剑与匕首在画作中的显著地位，画家对斩首的痴迷以及他在静物画方面的开拓性技巧。在充满激情的绘画光影中，卡拉瓦乔将我们召唤到画面现场，让我们参与到此时此地在眼前发生的场景中。他的绘画进入了我们的生活。

斯特凡诺·祖菲

生　平

1571 年	9 月 29 日，米凯兰杰洛·梅里西（Michelangelo Merisi，即卡拉瓦乔）出生于米兰，是费尔莫·梅里西（Fermo Merisi）和第二任妻子露西娅·阿尔扎莉（Lucia Aratori）之子。费尔莫是卡拉瓦乔镇侯爵弗朗切斯科一世·斯福尔札（Francesco I Sforza）的管家（室内装潢师和主管房屋建造、维修的工头）。距离米兰大约 30 公里的卡拉瓦乔（Caravaggio）是一个小型农业城镇。
1572 年	卡拉瓦乔的弟弟乔瓦尼·巴蒂斯塔（Giovanni Battista）出生。他后来成为一名神父。
1576—1577 年	大主教查尔斯·博罗梅奥（Archbishop Charles Borromeo）任职期间，米兰遭受瘟疫肆虐。梅里西一家搬到卡拉瓦乔。在传染病蔓延开后，1577 年 10 月 20 日，这位未来画家的父亲和祖父贝尔纳迪诺（Bernardino）几乎在同一时间死于瘟疫。 留下露西娅和 4 个需要照看的孩子：米凯兰杰洛、乔瓦尼·巴蒂斯塔、玛格丽塔（Margherita）和卡泰丽娜（Caterina）。
1583 年	卡拉瓦乔侯爵去世，他的头衔和领地都传给了科斯坦扎·科隆纳（Costanza Colonna），后者在许多场合都援助过画家。
1584 年	13 岁的米凯兰杰洛·梅里西回到米兰，根据一份由科隆纳王子（Prince Colonna）签署的协议，他成为西莫内·比德扎诺（Simone Peterzano）工作室的学徒。西莫内自称为"提香的学生"，是查尔斯·博罗梅奥主教时期米兰最负声望的画家之一。
1588 年	米凯兰杰洛·梅里西经过 4 年的学徒生涯，离开了比德扎诺工作室。在当学徒的时候，他和老师一起去过威尼斯考察艺术方面的最新发展，并遇到了年长的丁托列托（Tintoretto）。

1590 年	画家母亲去世。
1592 年	梅里西兄弟分家。因为米凯兰杰洛要去罗马定居，所以他声明放弃在伦巴第的不动产继承权。
1593—1594 年	年轻画家在罗马的第一年过得十分艰辛，在这里他被称为"卡拉瓦乔"。他辗转几个画家工作室后，才有机会成为知名画家朱塞佩·切萨里的助手。卡拉瓦乔的工作是在阿尔皮诺骑士[1]的大型画作上绘制花卉和水果的细节。同时，他开始创作最早为人所知的独立作品：一些小幅和中等尺寸的人物画和生活画。这些年里，他既收获了第一份友谊［与西西里画家马里奥·明尼蒂（Mario Minniti）及之后的托马索·萨利尼（Tommaso Salini）等人］，也和其他艺术家产生了激烈的竞争。
1594 年	23 岁时，卡拉瓦乔在圣玛丽安慰医院（the Hospital of St Mary of Consolation）待了很长一段时间进行休养，不能确定是因为疟疾发作还是腿伤。
1595 年	卡拉瓦乔进入了贵族艺术品收藏圈。当时，教养极高的枢机主教、托斯卡纳大公国驻罗马教廷大使弗朗切斯科·马里亚·德尔·蒙特（Cardinal Francesco Maria Del Monte）住在华丽的马达马宫（Palazzo Madama），卡拉瓦乔是那里的客人。他的作品为一些重要的罗马收藏家［马太（Mattei）、科斯塔（Costa）、阿尔多布兰迪尼（Aldobrandini）、多里亚（Doria）和朱斯蒂尼亚尼（Giustiniani）］所藏。
1597 年	卡拉瓦乔遇到菲莉德·梅兰德洛妮（Fillide Melandroni），这名高级交际花曾多次担任他的模特。他俩的关系因各种法律事件以及菲莉德·梅兰德洛妮与拉努乔·托马索尼（Ranuccio Tomassoni）的联系变得复杂。最终，在 1606 年的一次争吵中，卡拉瓦乔杀死了拉努乔。
1599—1600 年	卡拉瓦乔职业生涯的重大拐点是接到了第一个大型公众委托案，为圣路易吉·代·弗兰切西（San Luigi dei Francesi）教堂的马蒂厄·宽特雷尔主教 [Cardinal Mathieu Cointrel，意大利语为

Contarelli〔孔塔雷利〕〕礼拜堂作两幅侧壁祭坛画。该工作完成后，他又被要求创作祭坛画《圣马太与天使》（*St Matthew and the Angel*），第一个版本（1945 年被柏林的炮火摧毁）未被接受，最终版于 1602 年完成。

画家的法律纠纷不断增多。已知的罪名包括酗酒和干扰公共秩序，还因侵犯吉罗拉莫·斯坦帕·达·蒙泰普尔恰诺（Girolamo Stampa da Montepulciano）而被起诉。

1601—1602 年	在为孔塔雷利（Contarelli）礼拜堂作画的中途，卡拉瓦乔又接到了他的第二个重要委托：为人民圣母教堂的蒂贝里奥·切拉西(Tiberio Cerasi)礼拜堂画侧壁祭坛画。在罗马艺术圈中，卡拉瓦乔已不再被视作日常世俗画的专家，而是一个以绘制重大神圣的宗教场景见长的画家。在切拉西礼拜堂的合同里，他被称为"罗马城内的顶级画家"。一些在罗马的国际画家开始受到卡拉瓦乔风格的影响，并模仿他的画作。
1603 年	画家乔瓦尼·巴廖内（Giovanni Baglione）控告卡拉瓦乔〔和画家奥诺里奥·隆吉（Onorio Longhi）、奥拉齐奥·真蒂莱斯基（Orazio Gentileschi）〕诽谤，说卡拉瓦乔写了一首富有攻击性的匿名讽刺诗。卡拉瓦乔因此被捕，后来因法国国王大使的干预而被有条件释放。
1604 年	各种不幸接二连三降临到卡拉瓦乔身上，他多次因非法持有武器或诽谤罪被捕。与此同时，为圣阿戈斯蒂诺（Sant'Agostino）教堂绘制的《洛雷托圣母》（*Madonna di Loreto*）和为瓦里切拉（Vallicella）的圣马利亚（Santa Maria）教堂绘制的《基督下葬》（*The Deposition from the Cross*，现藏于梵蒂冈博物馆）使他的声望达到顶峰。卡雷尔·凡·曼德（Karel van Mander）出版了关于绘画的论文，其中包含对卡拉瓦乔的外貌、个性及艺术的描述。
1605 年	卡拉瓦乔与公证人马里亚诺·帕斯夸洛内·德·阿库穆洛（Mariano Pasqualone de Accumulo）为一个名叫莱娜·安托涅蒂（Lena Antognetti）的女人争风吃醋，盛怒之下，将其重伤。卡拉瓦乔离开罗马，到热那亚待了几周。1603 年至 1605 年间，他遭警察逮捕、询问和扣押多达 5 次。

1606 年	5 月 28 日晚，在一场由微不足道的争吵发展为武装团伙之间的激烈对抗中，卡拉瓦乔用剑刺伤了拉努乔·托马索尼的大腿。最终拉努乔因失血过多死亡，身受重伤的卡拉瓦乔逃离罗马。在此次过失杀人的缺席审判中，卡拉瓦乔被判有罪并被判处斩首。在拉齐奥（Lazio）的科隆纳家族领地受到短暂庇护后，9 月到 10 月间他去了那不勒斯，随即而来的成功确立了他艺术家的声誉。
1607 年	在那不勒斯，卡拉瓦乔获得了好几项重要的委托。但夏季他便离开，于 7 月 12 日登陆马耳他，打算为圣约翰骑士团工作。没过几天，他被马耳他法庭传唤，为朋友西西里画家马里奥·明尼蒂重婚罪的审判做证。
1608 年	在马耳他一个封闭的精英圈子里，卡拉瓦乔获得了一些贵族家庭的赞助，并与耶路撒冷圣约翰骑士团大教长阿洛夫·德·维格纳科特（Alof de Wignacourt）结识。经过一年的见习期，画家于 7 月 14 日正式加入骑士团。在这之后的几个月中，卡拉瓦乔过着舒适的生活。然而秋天之前，因为某些不明原因（很可能是与一名高级骑士发生了严重的争执），卡拉瓦乔遭监禁并被逐出了骑士团。依靠朋友马里奥·明尼蒂的帮助，他逃离监狱，坐船离开马耳他，并在西西里的锡拉库萨（Siracusa）找到了庇护所。
1609 年	9 月下旬，卡拉瓦乔在西西里工作、生活，来往于锡拉库萨、墨西拿（Messina）和巴勒莫（Palermo）之间。10 月，他重返那不勒斯，不久就在一次争斗中受伤并毁容。
1610 年	在那不勒斯待了 9 个月之后，出于安全考虑，卡拉瓦乔经海路回罗马。在拉齐奥海岸的帕洛奥港（Palo），他不仅没能获得赦免，反而误遭监禁。轮船带着他的行李和最后的几幅画乘风而去。在波尔图埃尔科莱（Porto Ercole）附近的海滩上，卡拉瓦乔因疟疾发作，于 7 月 28 日孤独而绝望地死去。几天后，他去世的消息传到罗马，人们都认为这是他任意胡为而倒霉的人生最合适的结局。

作　品

　　该部分完整展示了本书所涉及的卡拉瓦乔的绘画作品，并配有作品目录编号（与文中一致）和相关说明文字，作品按照时间顺序排列。

　　作品介绍包含以下内容：

　　——简短的描述性标题，大致的创作年份；

　　——当前收藏地；

　　——以厘米为单位的作品尺寸，高度在前，宽度在后；

　　——技法。

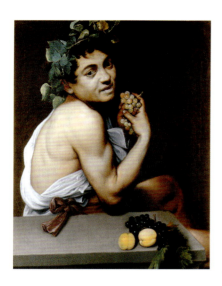

1《生病的青年酒神巴克斯》，1593 年

The Young Sick Bacchus

罗马，博尔盖塞美术馆
66cm × 52cm
布面油画

2《提着果篮的少年》，约1593 年

The Boy with a Basket of Fruit

罗马，博尔盖塞美术馆
70cm × 67cm
布面油画

3《占卜者》，1594 年

The Fortune Teller

罗马，卡皮托利尼博物馆，卡皮托利那画廊
115cm × 150cm
布面油画

4《诈赌者》，1594 年

The Cardsharps

沃斯堡，金贝尔艺术博物馆
94.2cm × 131.2cm
布面油画

5《酒神巴克斯》，1594—1595 年

Bacchus

佛罗伦萨，乌菲齐美术馆
95cm × 85cm
布面油画

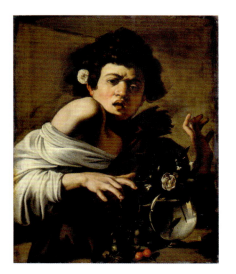

6《被蜥蜴咬伤的男孩》，1595 年

Boy Bitten by a Lizard

佛罗伦萨，罗伯托·隆吉基金会
65.8cm × 52.3cm
布面油画

7《音乐家们》，1595 年

The Musicians

纽约，大都会艺术博物馆
87.9cm × 115.9cm
布面油画

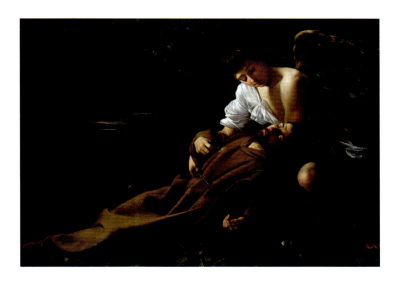

8《狂喜的圣方济各》，1595 年

St Francis of Assisi in Ecstasy

康涅狄格州，哈特福德，沃兹沃思艺术博物馆
93.9cm × 129.5cm
布面油画

9 《忏悔的抹大拉》，1595—1596 年

The Penitent Magdalene

罗马，多里亚·潘菲利美术馆
122.5cm × 98.5cm
布面油画

10 《逃亡埃及途中的休息》，约1596 年

The Rest on the Flight into Egypt

罗马，多里亚·潘菲利美术馆
135cm × 166.5cm
布面油画

11 《弹鲁特琴的少年》，1596 年

The Lute Player

圣彼得堡，埃尔米塔什博物馆
94cm × 119cm
布面油画

12 《水果篮》，1596 年

The Basket of Fruit

米兰，安布罗焦美术馆
31cm × 47cm
布面油画

13 《木星、海王星和冥王星》，1597 年

Jupiter, Neptune and Pluto

罗马，邦孔帕尼·卢多维西别墅
约 180cm × 300cm
一个小房间的浅拱形天顶油画

14 《美杜莎》，1597 年

Medusa

佛罗伦萨，乌菲齐美术馆
60cm × 55cm
在覆盖了皮革的杨树木盾牌上绘制的油画

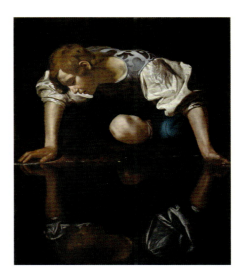

15 《犹滴斩首霍洛芬尼》，1597—1598 年

Judith Beheading Holofernes

罗马，巴尔贝里尼宫，国家古代美术馆
145cm × 195cm
布面油画

16 《那喀索斯》，1597—1599 年

Narcissus

罗马，巴尔贝里尼宫，国家古代美术馆
112cm × 92cm
布面油画

17 《施洗者约翰》（《荒野中的约翰》），约1598 年

John the Baptist (John in the Wilderness)

托莱多，大教堂博物馆
169cm × 112cm
布面油画

18 《玛莎和抹大拉的马利亚》，1599 年

Martha and Mary Magdalene

底特律，底特律美术馆
97.8cm × 132.7cm
布面油画

19 《亚历山大的圣加大肋纳》，1599 年

St Catherine of Alexandria

马德里，蒂森 – 博内米萨博物馆，比亚埃尔莫萨宫
173cm × 133cm
布面油画

20 《圣马太蒙召》，1599—1600 年

The Calling of St Matthew

罗马，圣路易吉·代·弗兰切西教堂，孔塔雷利礼拜堂
322cm × 340cm
布面油画

21 《圣马太殉难》，1599—1600 年

The Martyrdom of St Matthew

罗马，圣路易吉·代·弗兰切西教堂，孔塔雷利礼拜堂
323cm×343cm
布面油画

22 《圣保罗的皈依》，1600—1601 年

The Conversion of St Paul

罗马，吉多·奥代斯卡尔基王子收藏
237cm×189cm
木板油画

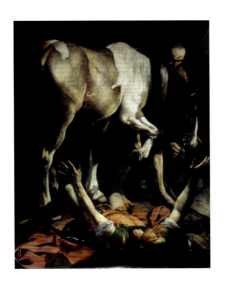

23 《圣保罗的皈依》，1600—1601 年

The Conversion of St Paul

罗马，人民圣母教堂，切拉西礼拜堂
230cm×175cm
布面油画

24 《圣彼得受难》，1600—1601 年

The Crucifixion of St Peter

罗马，人民圣母教堂，切拉西礼拜堂
230cm×175cm
布面油画

25 《以马忤斯的晚餐》，1601 年

The Supper at Emmaus

伦敦，国家美术馆
141cm × 196.2cm
布面油画、蛋彩

26 《爱神丘比特的胜利》，1601 年

Victorious Cupid

柏林，国家博物馆，绘画陈列馆
156cm × 113cm
布面油画

27 《施洗者约翰》（《年轻人与公羊》），1602 年

John the Baptist (Youth with a Ram)

罗马，卡皮托利那画廊
129cm × 95cm
布面油画

28 《圣马太与天使》，1602 年

St Matthew and the Angel

罗马，圣路易吉·代·弗兰切西教堂，孔塔雷利礼拜堂
295cm × 195cm
布面油画

29 《犹大之吻》，1602 年末

The Taking of Christ

都柏林，爱尔兰国家美术馆
由爱尔兰国家美术馆和都柏林利森街耶稣会社区提供，感谢已故的玛丽·李－威尔逊博士（Dr Marie Lea-Wilson）的慷慨。
133.5cm × 169.5cm
布面油画

30 《基督下葬》，1602—1603 年

The Deposition from the Cross

梵蒂冈，梵蒂冈博物馆
300cm × 203cm
布面油画

31 《大卫和歌利亚》，1602—1604 年

David and Goliath

马德里，普拉多国家博物馆
110cm × 91cm
布面油画

32 《圣多马的怀疑》，1603 年

The Incredulity of St Thomas

波茨坦，无忧宫
107cm × 146cm
布面油画

33 《以撒的献祭》，1603 年

The Sacrifice of Isaac

佛罗伦萨，乌菲齐美术馆
104cm × 135cm
布面油画

34 《洛雷托圣母》，1603—1605 年

Madonna di Loreto

罗马，圣阿戈斯蒂诺教堂，卡瓦莱蒂礼拜堂
260cm × 150cm
布面油画

35 《加戴荆冠》，1604 年

The Crowning with Thorns

维也纳，艺术史博物馆
127cm × 165.5cm
布面油画

36 《圣母之死》，1605 年

The Death of the Virgin

巴黎，卢浮宫
369cm × 245cm
布面油画

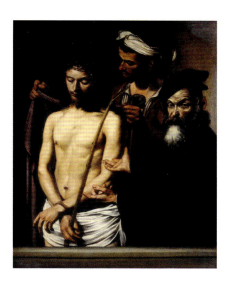

37《试观此人》，1605 年

Ecce Homo

———

热那亚，新街博物馆
128cm × 103cm
布面油画

38《沉思中的圣哲罗姆》，1605—1606 年

St Jerome in Meditation

———

蒙塞拉特（巴塞罗那），蒙塞拉特圣母修道院博物馆
118cm × 81cm
布面油画

39《圣母、圣婴和圣安妮》（《圣母与毒蛇》），
1606 年

Madonna and Child with St Anne (Madonna dei Palafrenieri)

———

罗马，博尔盖塞美术馆
292cm × 211cm
布面油画

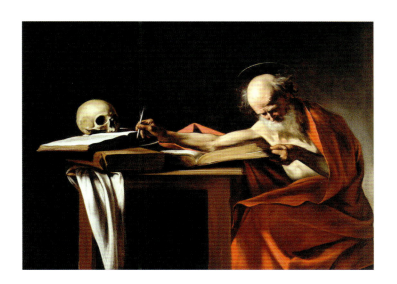

40《写作中的圣哲罗姆》，1606 年

St Jerome Writing

———

罗马，博尔盖塞美术馆
112cm × 157cm
布面油画

41 《七善事》，1606 年

The Seven Works of Mercy

那不勒斯，慈爱山丘教堂
387cm × 256cm
布面油画

42 《以马忤斯的晚餐》，1606 年

The Supper at Emmaus

米兰，布雷拉美术馆
141cm × 175cm
布面油画

43 《玫瑰经圣母》，1606—1607 年

Madonna of the Rosary

维也纳，艺术史博物馆
364.5cm × 249.5cm
布面油画

44 《圣安德鲁殉难》，1607 年

The Crucifixion of St Andrew

克利夫兰，克利夫兰艺术博物馆
202.5cm × 152.7cm
布面油画

45《手提歌利亚头颅的大卫》，1607 年

David with the Head of Goliath

维也纳，艺术史博物馆
90.5cm × 116.5cm
木板油画

46《被鞭笞的基督》，1607 年

The Flagellation of Christ

那不勒斯，卡波迪蒙特国家博物馆
286cm × 213cm
布面油画

47《圣彼得的否认》，1607—1610 年

The Denial of St Peter

纽约，大都会艺术博物馆
94cm × 125.5cm
布面油画

48《施洗者约翰被斩首》，1608 年

The Beheading of St John the Baptist

瓦莱塔，圣约翰副主教座堂
361cm × 520cm
布面油画

49《莎乐美得到施洗者约翰的头颅》，1608 年

Salome Receives the Head of John the Baptist

伦敦，国家美术馆
91.5cm × 106.7cm
布面油画

50《拉撒路的复活》，1608—1609 年

The Raising of Lazarus

墨西拿，地方博物馆
380cm × 275cm
布面油画

51《莎乐美和施洗者约翰的头颅》，1608—1610 年

Salome with the Head of John the Baptist

马德里，马德里皇宫
116cm × 140cm
布面油画

52《牧羊人的敬拜》，1609 年

The Adoration of the Shepherds

墨西拿，地方博物馆
314cm × 211cm
布面油画

53 《施洗者约翰》，1609—1610 年

St John the Baptist

罗马，博尔盖塞美术馆
159cm × 124cm
布面油画

54 《手提歌利亚头颅的大卫》，1610 年

David with the Head of Goliath

罗马，博尔盖塞美术馆
125cm × 101cm
布面油画

55 《厄休拉的殉难》，1610 年

The Martyrdom of St Ursula

那不勒斯，斯蒂利亚诺·泽瓦洛斯宫，圣保罗联合银行收藏
143cm × 180cm
布面油画

物之魂

16 世纪的最后二十年，静物画作为一个独立的画种，迅速流行开来。意大利的伦巴第是欧洲最早发展静物画的地区之一，因为此地不仅有一批如温琴佐·坎皮[2]、乔瓦尼·安布罗焦·菲吉诺[3]和杰出的阿钦博尔多[4]等天才艺术家，还有品味出众的赞助人和收藏家。达·芬奇对自然界的关注在彼得·阿尔岑[5]和约阿基姆·贝克勒[6]所画的弗莱芒市场和厨房场景中得到了复兴；之后，扬·勃鲁盖尔（Jan Brueghel，被称为"丝绒勃鲁盖尔"）[7]非凡的画作又被当时的红衣主教费代里科·博罗梅奥（Federico Borromeo，1595 年成为米兰大主教）所收藏。这些静物画的支流逐渐汇集壮大，对卡拉瓦乔的创作产生了深远的影响。

从在米兰西莫内·比德扎诺（Simone Peterzano）工作室当学徒开始，卡拉瓦乔就凭借画静物的才能脱颖而出。在罗马的早期，他受雇于著名的阿尔皮诺骑士工作室，被安排绘制花卉和水果的细节。因为爱好音乐，卡拉瓦乔还在这些画中添加乐器。不过，虽然静物元素被表现得光彩夺目，但它们只是人物画的背景之一。这期间，卡拉瓦乔只绘制过一幅"纯粹"的静物画：《水果篮》（现藏于米兰安布罗焦美术馆）。尽管如此，在其画家生涯的前十年里，卡拉瓦乔仍被公认为静物画"大师"，不仅是因为他再现和模仿自然的技术一流，还因为他能超越事物表面深入表现静物的灵魂。卡拉瓦乔没有止步于炫耀令人吃惊的错视效果，而是为每一件事物注入强烈的情感价值。要感谢卡拉瓦乔的是，从他开始，静物画成为我们理解生命奥秘、把握时间流逝、探寻生存意义的一种方式。

在这里，我们第一次看到一只满溢水果和叶片的柳条篮，此后它将出现在另两个不同的场景中。卡拉瓦乔是推动静物画单独成为一类的艺术家之一，更因为他能处理多样的题材，其重要性远超同时代的其他艺术家。尽管在初期他只画水果和花卉，但不久后，卡拉瓦乔就证明了自己在其他静物表现上也同样出色，比如画乐器和虚空画[8]的一些题材。

《提着果篮的少年》（作品目录 2）

在石制壁架的边上，有两颗浅色的桃子和一串深紫色的葡萄。它们的成熟，意味着夏逝秋至。这些水果用色单纯，契合了画作忧郁的色调。这件作品绘制于卡拉瓦乔离开伦巴第到罗马之后的日子，是他早期的名作。画家还将自己的面貌融入酒神巴克斯的形象之中。他对于自然主义细节的爱好早在这件作品中就已表现出来，花卉、水果和静物并不是这幅画的主要内容，在这里，它们代表了某种难以阐明的象征意义。

《生病的青年酒神巴克斯》（作品目录 1）

　　在忏悔的抹大拉脚边，有一些精心布置过的物品：玉瓶象征虔诚的教徒；散落在地板上的珍珠表明女主人公将放弃华丽的打扮，远离享乐的欲望。饰有黑色缎带的珍珠耳环还出现于同一时期的另一幅画中，为犹滴所佩戴。

《忏悔的抹大拉》（作品目录 9）

《弹鲁特琴的少年》一经面世，便在卡拉瓦乔画作的早期收藏家中广受好评。于是，画家又作了几件副本。埃尔米塔什博物馆的版本原为朱斯蒂尼亚尼（Giustiniani）的旧藏，其中绘有最精美的花束。这些多姿多彩的花朵，处于其短暂生命中最美好的全盛时刻，它们在黑色背景中传递出一种温柔的忧郁气息。

《弹鲁特琴的少年》（作品目录 11）

第 40—41 页

陶瓷水果盘是伦巴第绘画中一种常见的日用品，它在卡拉瓦乔那个时期的米兰和克雷莫纳（Cremona）的画作中均有出现。卡拉瓦乔在这幅画里描绘的可能是他年轻时的一段回忆。同安布罗焦美术馆所藏的那幅《水果篮》一样，果盘中一些水果已经开始腐烂。酒神略带醉意地握着高脚杯，杯中的酒液随着他摇晃的手轻轻颤动，展现出惊人的视觉效果。他胖乎乎的脸被认为是依据马里奥·明尼蒂（Mario Minniti）的脸所画。

第 40—41 页，《酒神巴克斯》（作品目录 5）

注意这把断齿的梳子和这一小碗凝结的脂膏。卡拉瓦乔有意识地将这些化妆品置于前景，小心翼翼地暗示出抹大拉的马利亚和这幅画的两位模特安努奇亚（Annuccia）、菲莉德（Fillide）一样，都是妓女出身。

第 44—45 页

这幅收藏在蒂森－博内米萨（Thyssen-Bornemisza）博物馆的《亚历山大的圣加大肋纳》，前景中织物和物件的迷人细节彰显了女主人公巨大的精神力量。卡拉瓦乔非常仔细地描绘了磔轮上粗糙的木头，它们在圣加大肋纳失败的殉道中破裂了。干枯的棕榈枝和长刀的刀尖被染成了红色——可能是因为下方红色垫子的反射，又或许是用来暗示这位年轻美丽的殉道者最终被斩首。[9]

《玛莎和抹大拉的马利亚》（作品目录 18）
第 44—45 页，《亚历山大的圣加大肋纳》（作品目录 19）

在这荒凉孤寂的场景中，所有的细节都衬托出画中人物生活的穷苦。衣衫褴褛的人物与这些平常简陋的物件——木板十字架上粗糙的纹理，地上揉成一团的圣彼得的灰色斗篷，用来在干涸、多石的地上掘洞以立起十字架的铲子，还有穿透了圣彼得手掌的粗大长钉——相统一。

第 48—49 页

这幅是伦敦版本的《以马忤斯的晚餐》。卡拉瓦乔在客栈桌上靠前的位置放了水果，它们的形状和颜色都异常丰富。我们又看到了熟悉的柳条篮，它因频繁使用而稍有磨损。它最早出现在约十年前创作的《提着果篮的少年》（现藏于博尔盖塞美术馆）中男孩的臂弯里，同时也在《水果篮》（现藏于安布罗焦美术馆）中被细致描绘。此外，卡拉瓦乔清晰展现了基督和他的两个门徒享用的主菜——烤鸡。

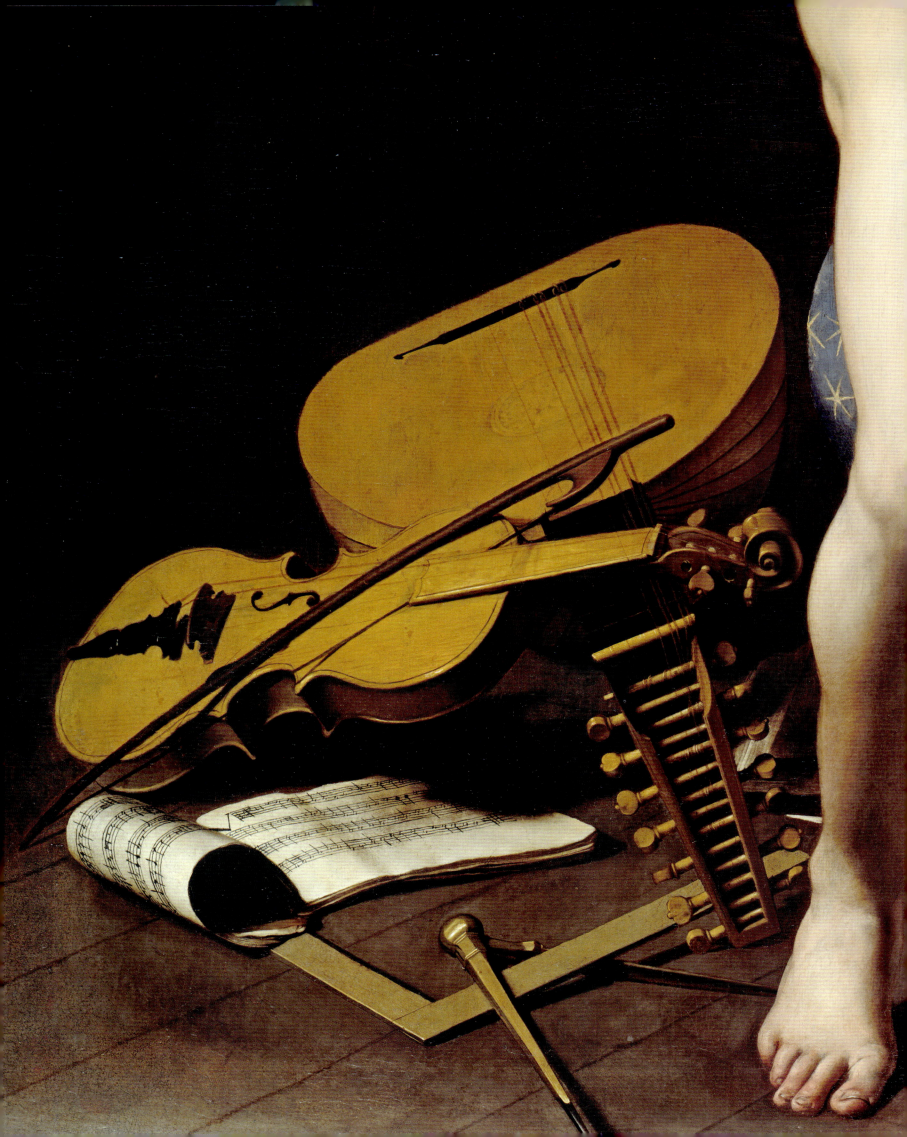

对古典艺术和近代绘画抱有同样热情的温琴佐·朱斯蒂尼亚尼（Vincenzo Giustiniani）是卡拉瓦乔画作的早期收藏家之一。这位侯爵是一个好战的热那亚实干家家族的后裔。他学过天文学和几何学，也是一位业余诗人和音乐鉴赏家。卡拉瓦乔把这位赞助人的爱好全堆在微笑着的丘比特脚下：盔甲、天球仪、乐器、三角板和圆规。正如此画原本的标题（*Amor vincit omnia*）所宣称的那样：爱能战胜一切。

第 52—53 页

卡拉瓦乔为静物画的一个支流——虚空画的发展铺平了道路，整个 17 世纪，这一画派在欧洲都非常盛行。如同其他巴洛克画作中的沙漏、肥皂泡和易碎的玻璃器皿一般，这一细节中的颅骨用来暗示美丽与生命的转瞬即逝。画中的物品和色彩都格外精简。含义上的简化甚至影响了卡拉瓦乔的笔法：科学检测显示，圣徒手中的鹅毛笔仅是由一笔刷就的。

《爱神丘比特的胜利》（作品目录 26）
第 52—53 页，《写作中的圣哲罗姆》（作品目录 40）

第 54—55 页

《以马忤斯的晚餐》第二个版本笼罩在一种带有神秘主义的、忧郁的、不祥预言般的黑暗死寂中。与之截然不同的是，伦敦版的画面开敞明亮，桌子上的食物交代得清清楚楚。不过，卡拉瓦乔在现藏于米兰的这幅画中也插入了不少引人注目的静物细节：光线被设置在陶制酒壶的壶身与提手之间，巧妙地呈现出透视的效果。

这幅藏于墨西拿的画作，描绘的是耶稣诞生的情景，卡拉瓦乔使用了大量能唤起日常生活经验的细节，以增强画面的感人度。在这夜晚的场景中，他引导我们耐心地、一个接一个地去发现那些平常之物，譬如圣约瑟留在篮子旁的木匠工具。

刀光剑影

在一些文献、回忆录、传记，特别是绘画中，卡拉瓦乔刀剑不离身，始终带有一种邪恶光芒的形象。教皇卫队卡皮托林警察的档案中所收集的司法证词向我们提供了这样的画面：一个裹着斗篷的画家到处吵闹，在深夜的罗马街头徘徊，随时会卷入种种争端，还经常挥舞着一把刀，必要时便熟练地使用它。卡拉瓦乔这种不太光彩的街头剑客生涯，终于在 1606 年被迫中止。在这一年的一场帮派间的暴力冲突中，卡拉瓦乔重伤了对手拉努乔·托马索尼并致其死亡，自己也因此受伤。

辗转于罗马和那不勒斯期间，画家至少有三次被严重刺伤。根据一些传记的记载，他年轻时在米兰也犯事不少，最近面世的文献表明，他因非法携带武器而不断被逮捕或遭监禁。1598 年 5 月 4 日，他被指控携带一把剑和一副圆规（柏林藏《爱神丘比特的胜利》中所画的圆规，清楚地表明这是一种多么危险的工具）；1604 年 11 月 18 日凌晨 5 时，在水牛城（Chiavica del Bufalo）附近被巡逻队拦下并要求出示通行证时，卡拉瓦乔忽然暴力袭警，随后他以危害公共安全的罪名被判在托尔·迪·诺那（Tor di Nona）监狱里监禁几天；1605 年 4 月 28 日卡拉瓦乔又在圣嘉禄教堂（San Carlo al Corso）附近被捕，卡皮托林警察局的皮诺（Pino）上尉所提供的证词中就有画家被没收的剑和匕首的手绘图。卡雷尔·凡·曼德（Karel van Mander）生动地描述过卡拉瓦乔在纳沃纳广场（Piazza Navona）附近的大街上闲逛的样子：晃荡着一把军刀，神情傲慢自得，一副新得势者的嘴脸。卡拉瓦乔去世前一年在墨西拿时，睡觉都要手握一把刀以防被袭击。后来在那不勒斯的伊尔·塞里格里奥旅馆（inn Il Cerriglio）落脚时，他的脸就被刀划伤了。[10]

不管是在生活中还是艺术中，卡拉瓦乔都精通带刃武器、钢胸甲、头盔和盔甲等物。他的画作中不时会出现奢华的头盔和精心打造的胸甲。16 世纪时，卡拉瓦乔的出生地米兰就是盔甲的著名产地。他描绘的美杜莎盾牌，就是整套仪式性盔甲的一部分。然而更多时候，他画中闪闪发亮的胸甲、匕首和刀片并非贵重物品，而是残忍的暴力工具。

　　这是卡拉瓦乔"街头"绘画最早的例子之一。一名吉卜赛女郎微笑着，借口为富家子弟看手相，悄悄地偷走了他手上的戒指。17 世纪的医生和艺术鉴赏家朱利奥·曼奇尼（Giulio Mancini）在他《关于绘画的思考》（*Considerazioni sulla pittura*，1617—1621 年）一书中如此描绘该画："年轻的吉卜赛女郎偷走男子的戒指时，假装微笑，显示出她的世故与狡猾；年轻的富家子弟在听女郎为他讲解命运并被偷走戒指时，则显得天真而多情。"年轻男子身侧佩带了一把优雅的礼服剑，画家着力描绘细节以显示年轻人的不谙世事。他纤细的、近乎稚嫩的手小心翼翼地爱抚着被抛光的金属手柄，我们以此猜测，这把剑是他新近收到的礼物。

《占卜者》（作品目录 3）

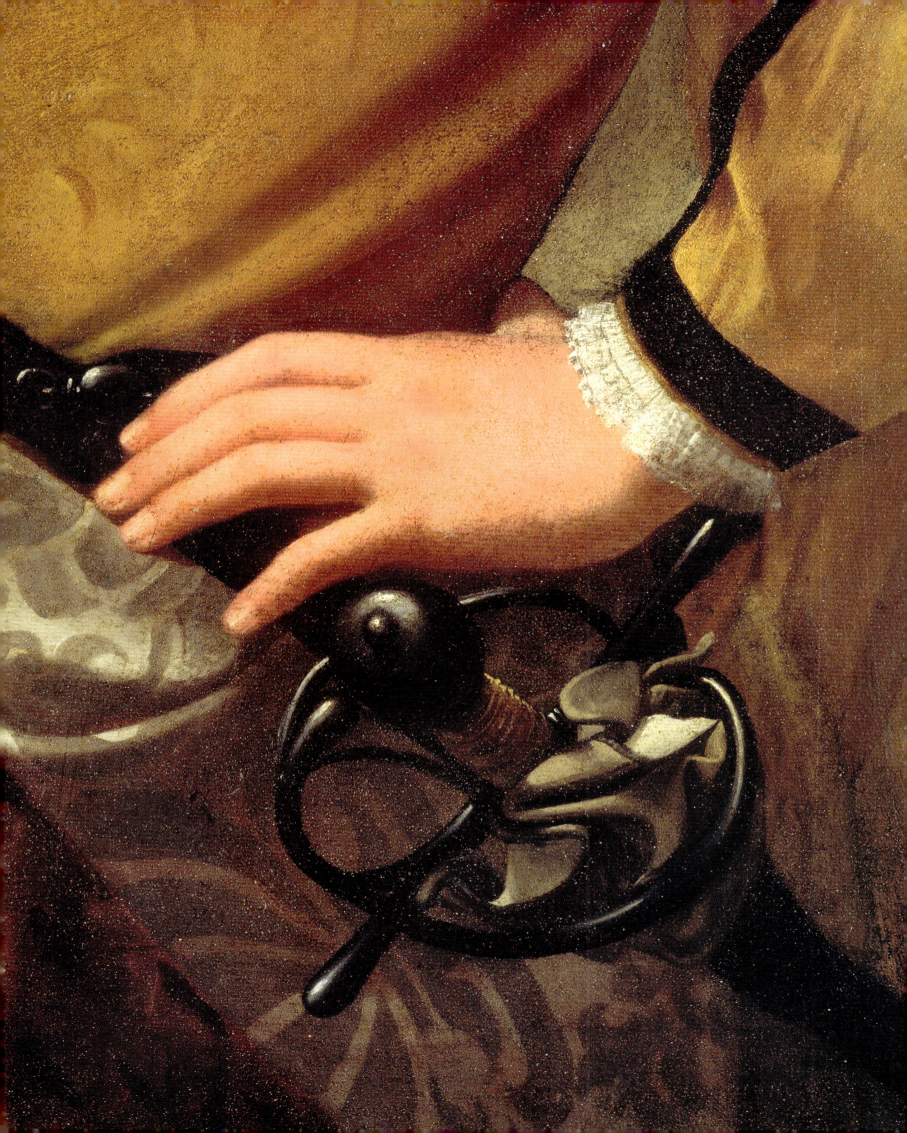

　　这幅画的关键之处藏在年轻作弊者的背后：他的腰带下藏着可能获胜的纸牌和一把匕首。一旦骗局被揭穿，匕首就能轻易被拔出使用。观察这个场景，我们能识别出运气的把戏和行骗的时机。单纯的年轻人和骗子正在玩的是一种叫扎罗（zarro）的纸牌。后来这种纸牌游戏在米兰被禁止，因为它容易引起暴力纷争。每名玩家手里各有 5 张牌，根据骗子同伙的手势判断，年轻人对自己手里三张同花色的牌甚为满意。在这个紧急关头，骗子从背后抽出一张梅花 6，准备做一组稳赢的同花顺（一系列相同花色的牌）。

《诈赌者》（作品目录 4）

　　圣加大肋纳柔软、灵活的手指滑过冰冷的剑刃，仿佛在试探它有多锋利。这幅画最引人注目的细节之一，是感性的美好和珍贵的织物与殉道的象征和死亡的工具之间的对比。这把剑提醒观众，圣加大肋纳虽没有死于礫轮酷刑，但后来还是惨遭斩首。斩首主题从这时候开始成为萦绕画家的一种噩梦。

《亚历山大的圣加大肋纳》（作品目录 19）

倒在血泊中的圣马太极度痛苦，一个手持大刀的半裸男子正抓住他的胳膊，大声嚷嚷着。乍一看，我们会觉得这就是刽子手，是他刺伤了圣徒并试图镇定地处理这场死亡事故。然而，以上推断并不能完全确定。或许他只是受到冲击的人群中的一员（前景中还有好些围腰布的人），正在极度惊恐中大声哭泣。而杀手有可能是画面左边那两个正要溜走的人，他们混迹于被吓坏的人群中，其中一位身侧佩剑。

《圣马太殉难》（作品目录 21）

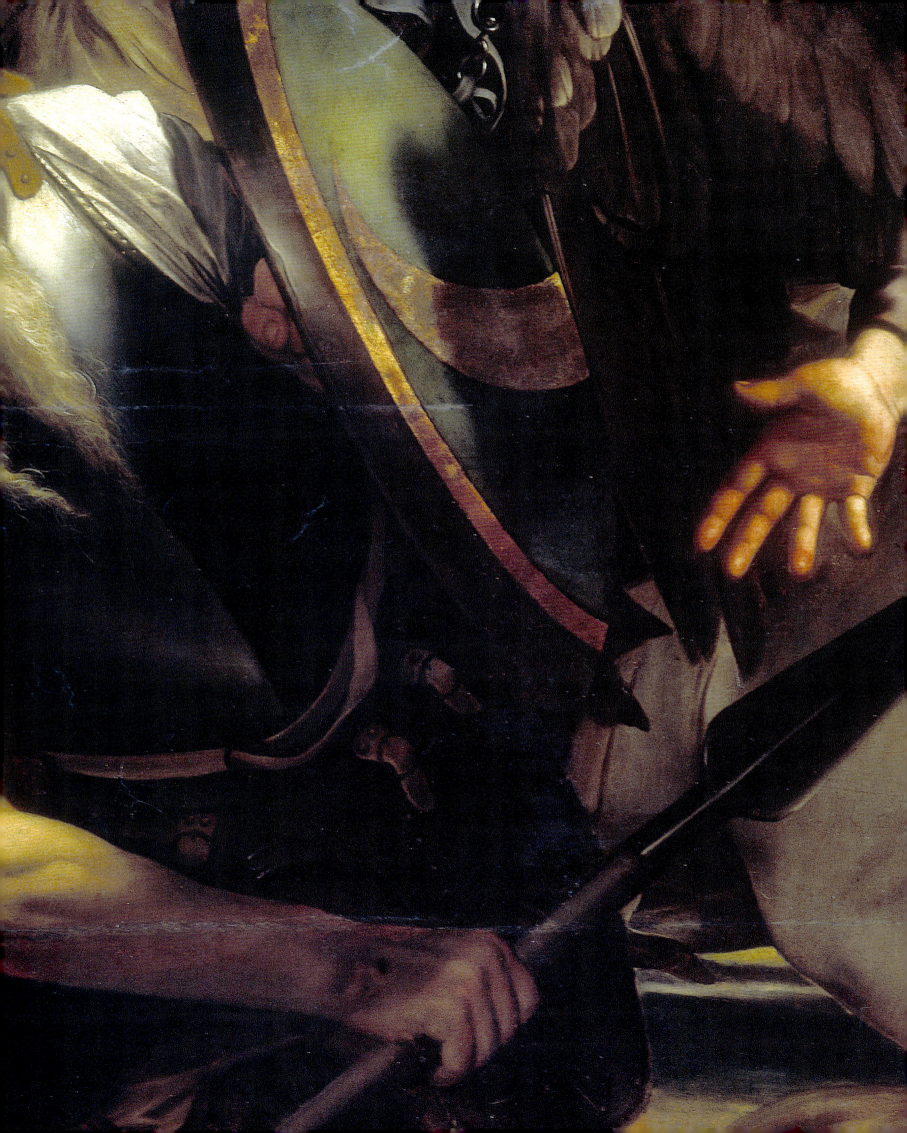

第 68—69 页

这是《圣保罗的皈依》的第一个版本，画中有一把看起来不祥的、长长的尖矛。一位年迈的灰胡子士兵用长矛指向刚从天国降临的基督和天使。在 17 世纪早期，长矛是一种逐渐过时的武器，这非常符合灰胡子士兵的年纪。圣徒因神圣的光而致盲，无法保护自己，他的剑无力地垂在地上。

适时降临的天使阻止了亚伯拉罕的行为。深色匕首宽大而锋利的刀刃已逼近以撒苍白的肉体。和普林斯顿大学所藏同一主题的画作不同，这里前景部分几只手的动作密切相关，都围绕着那把匕首展开。

第 68—69 页，《圣保罗的皈依》（作品目录 22）
《以撒的献祭》（作品目录 33）

除了卢浮宫所藏的那张马耳他骑士团大教长阿洛夫·德·维格纳科特奢华的官方肖像画外，卡拉瓦乔画中人物所穿的都是实用铠甲，由深黑的抛光钢胸甲组成，且没有任何装饰点缀。这是那些专业行伍人员的标准装备。

第 74—75 页

大卫的英雄气概令卡拉瓦乔着迷，画家在自己的职业生涯中多次绘制过大卫战胜歌利亚的主题，其中以维也纳收藏的版本最为著名。和其他带有自省特征的版本相比，这幅画中的大卫被描绘成战胜强大对手的胜利者。他的佩剑看上去和一个少年不甚匹配，显得巨大而沉重，却反衬出他较小的年龄和尚未发育成熟的身体。

在黄昏的阴影中，一个身着盔甲的人注视着圣安德鲁殉难的最后一幕，无装饰的盔甲闪烁着钢的幽光。有人认为，这一形象是当时的易格斯总督（Proconsul Egeas），他曾极力阻止这场行刑。

第 78—79 页

在他最大的、可能也是最具有强烈自传色彩的绘画中，卡拉瓦乔安插了这个令人毛骨悚然的细节。它在艺术史中没有相应的描绘，却是基于现实而画。下手一刀后，刽子手没能斩下施洗者约翰的头；奉行刑官之命，刽子手俯身拔出一把"短剑"（misericorde），用短而窄的刀刃把施洗者约翰的头从脖子上割下来。

《圣安德鲁殉难》（作品目录 44）
第 78—79 页，《施洗者约翰被斩首》（作品目录 48）

"HASOS"五个大写字母清晰地出现在刀刃最闪亮的部分。它们可能是铸剑者的印记，也可能是剑主人的姓名缩写，但有些评论家认为它们另有隐义。其中最有说服力的假设是，这些字母是圣奥古斯丁（St Augustine）的座右铭"*HumilitAS Occidit Superbiam*"的拉丁文缩写，意为"谦卑杀死骄傲"。"谦卑"也是博罗梅奥（Borromeo）家族的座右铭。查尔斯·博罗梅奥和费代里科·博罗梅奥都是反宗教改革结束后至 17 世纪早期米兰宗教界的领军人物。

《手提歌利亚头颅的大卫》（作品目录 54）

感　官

卡拉瓦乔的职业生涯跨越了 1600 年前后的几十年，以世纪之交为界，他的创作又可分为想象世界和再现世界两种。文艺复兴时期信任智性，将人置于世界的中心，相比之下，紧随其后的巴洛克时代，则更注重感官、情感和"奇观"（wonder）。随着文艺复兴将近尾声，有关五感[11] 的成套寓言版画和绘画开始出现在高端的国际收藏中。17 世纪，这种寓言画在"低地国家"和意大利获得了巨大的成功，它们采用静物画的形式，用各种物象表现不同感官。在这一领域，卡拉瓦乔的绘画同样非常有说服力。

卡拉瓦乔对音乐的热情或许使他很快将绘画构想成一种涉及所有感官而由视觉触发的艺术形式。他的早期作品中就已出现 16 世纪晚期牧歌的乐谱，这些曲子的歌词经常讲述爱是如何通过不同的感官传达，以及我们的感官是如何被诱惑和欺骗的。在一些作品中，物象与感官的联系极为直接，比如用乐器暗示听觉，用花朵暗示嗅觉，用成熟的水果暗示味觉，等等。但有时候情况会更复杂。为了激发更强烈的感知，卡拉瓦乔会在画中设置一些脑力游戏。

正是以这种方式，卡拉瓦乔成功地将绘画转化为一种激活多重感官的体验，并将其呈现于以下画作中。

在他已知最早的作品中，卡拉瓦乔就已经混杂了多种感官体验。年轻的病恹恹的巴克斯拎起一串葡萄靠近他的脸庞。他的手指紧紧地抓着葡萄，使它们质感毕现，而当它们靠近鼻子和嘴巴时，则让人想到成熟葡萄的口感与香气。

第 86—87 页

显然，能迅速被音乐挑逗的感官是听觉。乔瓦尼·巴廖内认为，这幅画可以看作一场"相当不错的描绘生活的青年音乐会"。然而，音乐家们其实并没有在演奏：他们中的一位在研究乐谱，另一位刚刚把号角从嘴边拿下来，还有一个正为他的鲁特琴调音。空气中的声响可能是一种"专业的"准备状态，而并非完全和谐。这是一个专注的时刻。人物之间的姿势、表情和关系都处于近景的位置，传达出一种微妙的，但可察觉的骚动。

《生病的青年酒神巴克斯》（作品目录 1）
第 86—87 页，《音乐家们》（作品目录 7）

"站着的天使正在拉小提琴，坐着的圣约瑟手持一本带笔记的书。"17世纪的知识分子焦万·彼得罗·贝洛里（Giovan Pietro Bellori）不太喜欢卡拉瓦乔，但毫无疑问，他也为卡拉瓦乔这幅早期杰作所蕴含的诗意倾倒。身为音乐方面的行家，卡拉瓦乔把乐谱甚至琴弦都无比精确地再现出来了。天使正在演奏的圣歌，由弗莱芒作曲家诺埃尔·鲍德温（Noel Bauldeweyn）题为"我所爱的"（Quam pulchra es），歌词来自《雅歌》[12]中的一节。藏在植物间的驴子湿润的大眼睛也令人印象深刻。

《逃亡埃及途中的休息》（作品目录 10）

　　整幅画面都散布着卡拉瓦乔触及感官体验的细节。小提琴演奏的夜晚小夜曲唤起了听觉；同时，如环绕瓶子的粗糙稻草与柔软织物之间明显的质感对比也突出了触觉；约瑟双脚交叠，坐在散落着尖锐岩石和石块的地面上，光着的脚好像随时都有被戳破的危险。迷人的天使那纤细而脆弱的脚踝似乎也逃不开这些讨厌的岩石和石头。

在卡拉瓦乔职业生涯的早期，音乐主题非常突出。这可能不仅是出于画家对该题材的热衷，还因为他的贵族赞助人能因此获得智性的愉悦。这个时期的人们常常会在文学对话中讨论歌唱艺术和鲁特琴音乐的情感作用。

《弹鲁特琴的少年》（作品目录 11）

抹大拉的马利亚手中的白色小花与凸面镜里反射的一丝高光，分别象征嗅觉和视觉。在这幅画中，卡拉瓦乔在人物姿态和物体上都运用了夸张的元素，具有不同寻常的图像学意义。马利亚的刺绣上衣有着宽大的圆领，勉强遮住了模特菲莉德·梅兰德洛妮（Fillide Melandroni）丰腴的胸部。相似的衣服也出现在多里亚·潘菲利美术馆所收藏的《忏悔的抹大拉》（作品目录 9）中。

《玛莎和抹大拉的马利亚》（作品目录 18）

　　素净的背景并未暗示任何情境,盛满水果和干叶的柳条篮是唯一的主角。它不是一个仅仅被安插到叙事作品中的"物件",而是这幅画作的主题。处于画面中心,带有斑点的苹果,意味着虫子已经开始侵蚀水果。这个细节与画面右边卷曲的枯萎叶片一起,点明了虚空画的主题——它严肃地提醒我们,美好与成熟这些优秀的品质都是转瞬即逝的。

《水果篮》(作品目录 12)

在《圣马太殉难》中，卡拉瓦乔展现了一种肢体语言夹杂着喊叫声，血淋淋的视觉感受混合着恐惧心理的戏剧效果。有一个令人难忘的形象从戏剧化的混乱场面中脱颖而出：一个身着白法衣的祭台侍者，惊恐地尖叫着逃离祭台。这是一个情不自禁的姿态，但却极具象征意义：吓坏了的男孩双眼近乎全黑，画家似乎想说明，这一暴力屠杀的邪恶场面不是一个孩子应该见到的。

《圣马太殉难》（作品目录 21）

《圣马太蒙召》的上半部分是一扇脏兮兮的窗户。从剥落的后壁上可以看到，穿过画面的光线没有照进阴暗的窗户。卡拉瓦乔有意识地将人类视觉的蒙昧不清与神圣启示的敞亮明晰作了对比。

第 102—103 页

除了对生理感官的运用，在一些画中，卡拉瓦乔也会考验我们其他的洞察力，以使画中发生的行为和观者的时空环境之间建立起更紧密的联系。这张画中圣马太复杂的、充满自信的姿态就是一个典型的例子。这位福音传道者正在仔细聆听，膝盖搁在倾斜不稳的凳子上。一条凳腿已失去平衡，在观者眼前摇摇晃晃，几乎要戳出画面。

《圣马太蒙召》（作品目录20）

第 102—103 页，《圣马太与天使》（作品目录 28 ）

第 104—105 页

被一束圣光照瞎后，圣保罗从马上跌落下来，用手捂住了双眼。卡拉瓦乔如实照搬了《圣经》中这段情节（在一束强光的照射之后，圣保罗暂时失明了），再一次强调了感官：圣保罗被剥夺了视觉，坠落在地上，抱怨并痛苦地号哭。

达·芬奇收集了有关动物的谚语和小轶事。其中有一则提到，"蜥蜴忠于人类。如果看到睡着的人被蛇攻击，它就会与蛇搏斗；如果斗不过蛇，它就会爬到人脸上唤醒他，使人不被蛇所害"。所以蜥蜴的责任是唤醒人类，并将他从蛇的背信弃义（原罪）中解救出来。在这幅画中，卡拉瓦乔增强了感官体验：视觉的愉悦感来自装满水的透明花瓶，鲜花暗指嗅觉，水果关乎味觉。我们几乎可以听到画中被蜥蜴咬伤的男孩的尖叫啼哭，而画家在传递这种痛苦和惊恐的感官体验时技巧娴熟。

第 104—105 页，《圣保罗的皈依》（作品目录 22）
《被蜥蜴咬伤的男孩》（作品目录 6）

　　亚伯拉罕的手紧紧按住以撒的脖子和脸
颊。父亲粗糙、黝黑的皮肤与儿子年轻的面色
形成了强烈的对比。卡拉瓦乔通过以撒恐惧绝
望的痛哭刺激了听觉，也通过两位主人公的身
体接触刺激了触觉。

《以撒的献祭》（作品目录 33 ）

斬　首

卡拉瓦乔的画中经常出现令人震惊的斩首主题。艺术家描绘了圣经故事"犹滴与霍洛芬尼"（Judith and Holofernes）、"大卫与歌利亚"（David and Goliath）、"莎乐美与圣约翰"（Salome and John the Baptist）以及神话"可怕的蛇发女妖美杜莎"（Gorgon Medusa）这一类主题。这些母题的盛行最初可能是由于他的赞助人某些病态的品味，以及一种直面血腥现场的时代风气。卡拉瓦乔在罗马的时候，公开处决罪犯会吸引大量民众聚集，画家学院建议艺术家们参与其中，以便观察"来自生活"的极端痛苦。著名的例子有 1599 年 9 月 11 日在圣安杰洛城堡（the Castel Sant'Angelo）前斩首女贵族贝亚特丽斯·琴奇[13]，以及 1600 年 2 月 17 日在鲜花广场（the Campo de'Fiori）用火刑柱烧死异教哲学家焦尔达诺·布鲁诺[14]。尽管如此，随着时间的推移和个人处境的变化，卡拉瓦乔对这一主题的痴迷，折射出的是他内心的强烈焦虑。毕竟，作为一个在逃的杀人犯，他可能会被斩首处决。每当画下斩首的场景，他都会意识到，下一颗要滚落的人头也许就是自己的。

1606 年 5 月 28 日晚，卡拉瓦乔的生活发生了翻天覆地的变化，当时他重伤了克雷申齐（Crescenzi）家族的保镖、好斗的拉努乔·托马索尼，并最终致其死亡。罗马库里亚警方的官方报告中称："在上述周日的夜晚，马尔齐奥（Campo Marzio）广场发生了一场引人注目的帮派之争，每派各四人，其中一个帮派的首领是特尔尼（Terni）的某个叫拉努乔的人，他在发生争斗之后突然死亡。另一个帮派的首领是当代颇有名气的画家米凯兰杰洛·达·卡拉瓦乔，据说他受伤了，之后下落不明。然而，他的一个同伴，卡斯泰洛（Castello）的士兵安东尼奥·达·博洛尼亚上尉（Captain Antonio da Bologna），确认受了重伤并被捕。有消息称，这场争斗的原因与赌博有关，死者从画家那里赢了 10 个斯库多（Scudi，19 世纪以前意大利银币单位）。"

卡拉瓦乔在两位画家朋友奥诺里奥·隆吉和马里奥·明尼蒂的帮助下逃跑。受伤的艺术家被藏在拉齐奥的科隆纳（Colonna）家族领地。他一康复，就去了那不勒斯。

根据警察的说法，画家和保镖托马索尼都是好斗分子，并且彼此憎恶已有一段时间了。除了警方报告中提到的赌债之外，还有其他各种捕风捉影推测这场争端的事由以及事态后面的发展。它可能源自在网球场草坪爆发的因为菲莉德·梅兰德洛妮导致的争风吃醋，也可能是由于亲西班牙政党的克雷申齐家族与卡拉瓦乔的保护者红衣主教德尔·蒙特（Cardinal Del Monte）所代表的亲法分子之间政治观点的分歧。

丑陋的美杜莎睁大的眼睛与可怖的、黏糊糊不断扭动着吐出芯子的盘蛇相互对抗，形成了可怕的对照。这幅画的归属存有争议，目前有两种版本。从罗伯托·隆吉（Roberto Longhi）开始的各类评论家都注意到，被斩首的蛇发女妖的面部表情和稀稀落落的血流带有一种几近讽刺的夸张。这可能和该画不同寻常的用途（是为一套礼仪性的盔甲制作的）有关。此外，值得注意的是，根据奥维德（Ovid）的《变形记》（*Metamorphoses*），美杜莎脖子上涌出的血液一旦滴落在海里，就会将海藻石化并使其变成珊瑚。

《美杜莎》（作品目录 14）

大卫被描绘成一个小男孩，他弯下腰，自信地将膝盖抵在被杀的歌利亚身上。歌利亚的前额上有致命的伤口，那是被大卫用投石弹弓抛出的石头击中后留下的。日落时分的光线给了这个场景一种令人回味的、略带忧郁的感觉。大卫做出牧羊人的姿势，抓着歌利亚的头发，提起他的头。现在，歌利亚的头已经和躯干分开了。画中虽然没有看到被割断的脖子，但头部不自然的角度清楚地表明斩首已经完成。

《大卫和歌利亚》（作品目录 31）

犹滴是《圣经》中最著名的"坚强女人"，她以极大的勇气引诱敌人的故事成为 17 世纪绘画中最受欢迎的主题。霍洛芬尼有时会被描绘成睡着了的样子，完全没有意识到正在发生什么。但在此幅著名的杰作中，卡拉瓦乔展示了这位倒霉的将军可怕的抽搐，当犹滴的剑刺入脖子，鲜红的血液喷出时，他还在痛苦和惊讶中挣扎。

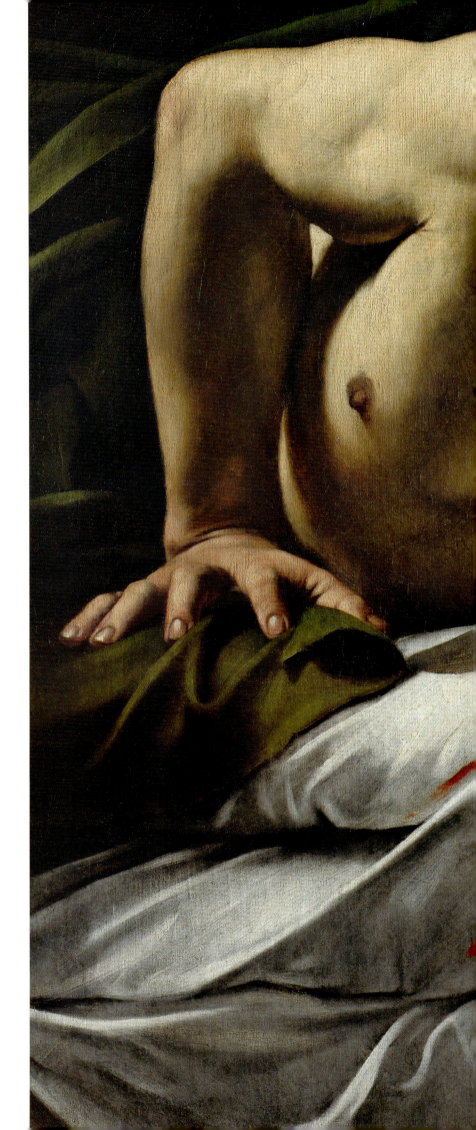

《犹滴斩首霍洛芬尼》（作品目录 15）

在 1606 年杀死拉努乔·托马索尼后，卡拉瓦乔被判斩首。圣约翰所受的折磨，包括被逮捕、监禁，最后在监狱中被斩首，对卡拉瓦乔来说就像一场带有预兆的噩梦。卡拉瓦乔除了在马耳他的那幅大型油画中将圣约翰描绘成浅棕色头发、没有胡须的形象之外，其余画中圣约翰被砍下的头颅都呈现出与歌利亚、霍洛芬尼的头部相同的基本特征，即画家的自画像。

《莎乐美得到施洗者约翰的头颅》（作品目录 49）

随着生活日益艰难，在卡拉瓦乔绘制的同一题材的若干个版本中，歌利亚被毁容的头颅展现了画家充满愤怒与仇恨的自我形象。圣经故事只是个幌子，画中血淋淋的脸表明画家长期遭受的痛苦，面孔上深深的皱纹和稀疏的烂牙更凸显了这一点。

《手提歌利亚头颅的大卫》（作品目录 45）

　　卡拉瓦乔用圣约翰伤口中喷出的鲜血写下了自己的名字"F. 米凯兰"（F. Michelan），即"F. 米凯兰杰洛"（Fra Michelangelo）。这是画家在画布上留下的唯一签名。"F"是指卡拉瓦乔最近成为圣约翰骑士团的成员，其头衔是格雷斯骑士（Knight of Grace）。然而，他在马耳他的好运并未持续太久。在画完骑士守护神的可怕形象后不久，卡拉瓦乔被逮捕并被逐出骑士团。画家以前所未有的方式描绘了越来越令人痛苦的斩首主题：刽子手在第一刀没有成功后，必须继续割开施洗者约翰的头部与颈部。这一细节令人毛骨悚然，因为此时圣徒仍在痛苦地挣扎着。

　　第 124—125 页

　　马德里所藏的《莎乐美和施洗者约翰的头颅》，可能是卡拉瓦乔为获得马耳他骑士团的复职而绘制的。它延续了卡拉瓦乔为瓦莱塔大教堂的小礼拜堂所画的斩首故事，自传式的斩首主题再次与对骑士守护神圣约翰的忠诚重合起来。

《施洗者约翰被斩首》（作品目录 48）
第 124—125 页，《莎乐美和施洗者约翰的头颅》（作品目录 51）

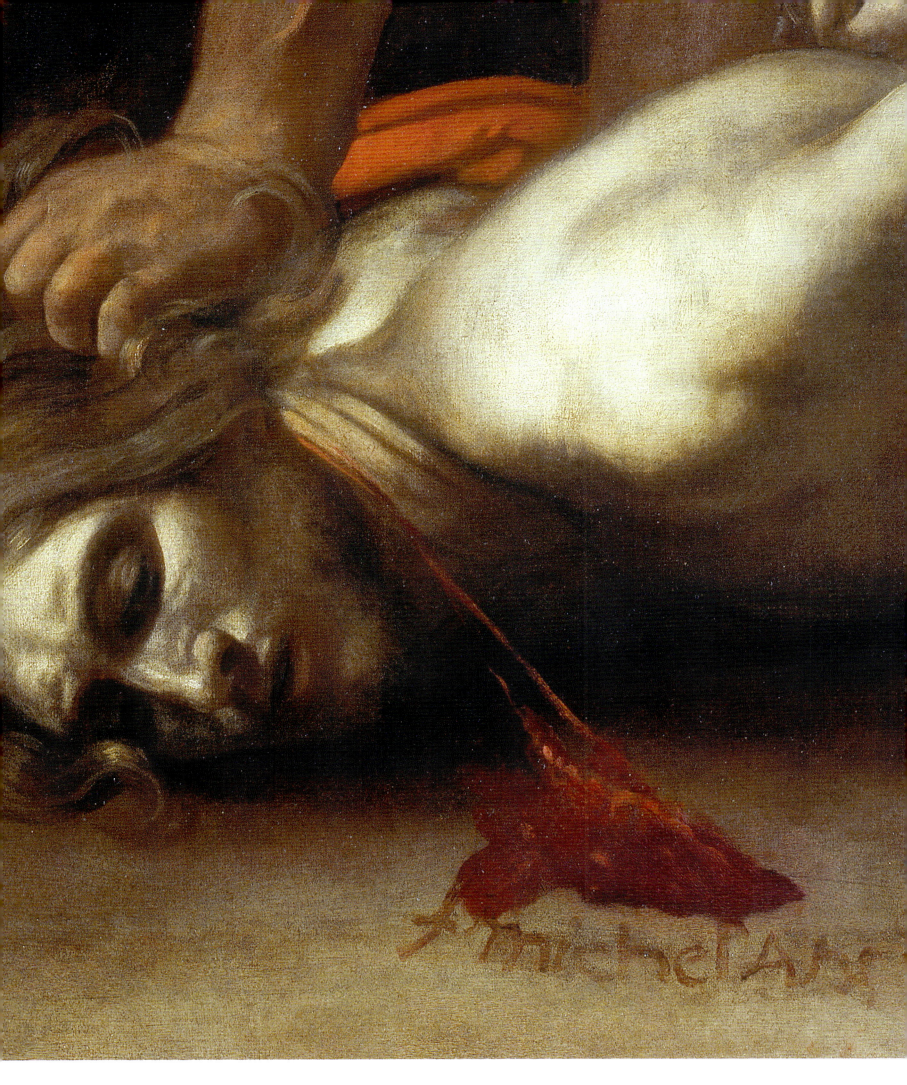

隐匿的自画像

隐匿的自画像

"他是一个大约二十到二十五岁的年轻人，留着小黑胡子，有粗黑、浓密的眉毛和一双黑色的眼睛，穿着乱糟糟的黑衣服和破旧的黑色紧身裤。"这段描述来自警方记录的 1597 年 7 月 10 日晚德拉斯克罗法大街（Via della Scrofa）袭击案的证人证词，其中那不同寻常的年轻人就是卡拉瓦乔。证人彼得罗保罗·佩莱格里尼（Pietropaolo Pellegrini）是一位理发师的儿子，他和画家一样，来自伦巴第。作为这场争端的目击者，他提供了如上关于卡拉瓦乔的详细证词。他还证实，画家带着米兰腔，而非一般的伦巴第口音。此段关于这位衣衫褴褛、郁郁寡欢的画家最早的外形描述，一再被后来的证词所证实。画家死后五年，对他非常了解的二流诗人朱利奥·切萨雷·吉利（Giulio Cesare Gigli）如此回忆卡拉瓦乔："看似幽默，实则怪诞，头发稀疏，面色苍白，高高的个子，微卷的头发，一双活泼而深陷的眼睛。"

蓬乱的头发，黑色的山羊胡和浓眉，两幅画在蓝纸上的、写实而富于表现力的炭笔画和粉笔画中表现的卡拉瓦乔，大致是可靠的。作者奥塔维奥·莱昂尼（Ottavio Leoni）是相当不错的画家，也是和卡拉瓦乔一道冒险的伙伴。尽管卡拉瓦乔从不特意画自画像，但他会将自己的容貌特征融入画中不同的人物身上，我们常常可以在作品中发现他。同时，画家形象出现的情境也至关重要。第一次出现在画中大概是在他 22 岁时，在《生病的青年酒神巴克斯》中，他看起来脸色苍白，骨瘦如柴，那时他刚康复出院，住院原因可能是疟疾复发或被马踢伤。到了 30 岁左右，卡拉瓦乔又一次出现在逃离谋杀现场的人群中。这是他想要改变观者角色的最明显的例子——让观者成为目击者，而不仅仅是被动的旁观者。这幅画再次反映了他苦难的生活经历。在《犹大之吻》戏剧性的夜幕中出现了举着灯笼的人，他的脸确定无疑也是卡拉瓦乔的形象。最后，在他生命的最后几个月里，卡拉瓦乔又把自己描绘成另一个无能为力的目击者，目睹了厄休拉殉难的残酷场景。

尽管卡拉瓦乔一再邀请我们去他的画中寻找他，但他却在一幅作品中签署了名字，即于马耳他创作的《施洗者约翰被斩首》。这是他尺幅最大的作品，也可能是最有说服力的自传之作。卡拉瓦乔想象着自己将像圣约翰一样被斩首处死，将自己的名字写在圣约翰被割断脖子后流出的血里。

关于卡拉瓦乔的传记通常是从被认为是艺术家已知的最早作品《生病的青年酒神巴克斯》中的形象开始的。到达罗马后不久，年轻的卡拉瓦乔就住院了。我们尚不清楚这次休养是因被马踢伤，还是折磨他一生的疟疾复发。尽管带着勉强的微笑，但这幅伪装成巴克斯的自画像印证了画家在22岁左右的身体状况，苍白的肤色和憔悴的、线条分明的脸给人一种衰弱的印象。1607年，教皇财政当局从画家朱塞佩·切萨里那里没收了这幅油画，卡拉瓦乔在罗马的第一年曾受雇于他的画室。这幅画很快被红衣主教希皮奥内·博尔盖塞（Cardinal Scipione Borghese）收购，随后出现在以他的姓氏命名的美术馆中。

第 130—131 页

从文艺复兴晚期到巴洛克时期，几乎所有天主教国家的画家在对待"圣方济各接受圣痕"这一主题时，都倾向于用一种令人感到痛苦而富有激情的视觉效果去表现。然而，在这幅早期绘画中，卡拉瓦乔却选择了一种相反的画法——在落日余晖的浪漫气氛中肆意抒情。被天使温柔捧着的圣徒的脸正是画家自己25岁时的面容。

毫无疑问，卡拉瓦乔绘画中最著名的自画像出现在他第一幅伟大的公共杰作、圣路易吉·代·弗兰切西教堂的《圣马太殉难》中。在这幅人物众多且充满戏剧性的画作里，有一个看上去心烦意乱的人物，他的脸正呈现出画家 30 岁时的面貌：苍白的脸、黑色的山羊胡、紧锁的眉头。卡拉瓦乔给自己分配了目击者的角色，是现场的旁观者，而不是被动的观众。

第 134—135 页

近年来，描绘了一个混乱夜晚场景的《犹大之吻》被认为是卡拉瓦乔最杰出的作品之一。画家选择了近距离特写的角度，使紧张的戏剧效果弥散开来。前景中，人物的上半身在不同方向上错落排布；画面右侧出现了卡拉瓦乔的形象。他举着灯笼，照亮了犹大的背叛行为和正在发生的一切。

卡拉瓦乔在西西里创作的宏伟巨作人物众多，但由于人物周围的环境被黑暗笼罩，画面显得尤为神秘。卡拉瓦乔在墨西拿的《拉撒路的复活》中贡献了一个自己的侧面像。他紧邻现场，是众多凝视着基督的小人物之一。此时的卡拉瓦乔虽已逃离马耳他监狱，但仍没被豁免死刑，他和拉撒路一样，需要某种奇迹以获得新生。

《拉撒路的复活》（作品目录 50）

这是卡拉瓦乔的最后一幅画，在他去世的几周前完成。随后他坐船前往罗马，却没能走完这趟旅程。画家最后一次登场，扮演了他最喜欢的角色，不是主要人物，而是一个目瞪口呆的目击者，他在一场无法言喻的残忍杀戮前显得无能为力。

第 139 页

如果我们接受这件作品可能的创作时间是卡拉瓦乔生命的最后几个月，那么画中所包含的自画像也许是所有同类形象中最残酷无情的一个。画家把自己描绘成战败后被斩首的巨人，牙齿稀疏脱落。歌利亚前额的伤口可能再现了一处真正的伤疤：据记载，经过在那不勒斯的伊尔·塞里格里奥旅馆里的打斗，画家的脸已经变得浮肿、丑陋，面目全非。不过，画中大卫仍带有一丝怜悯的表情。

《厄休拉的殉难》（作品目录 55）
第 139 页，《手提歌利亚头颅的大卫》（作品目录 54）

重复的模特

在不减损他作为创新者的价值的前提下，我们必须承认，卡拉瓦乔并不是一个杰出的肖像画家。在他近二十年的职业生涯中，为数不多的几张明确归属的肖像画被认为是最不逼真的、最缺乏吸引力的作品。或许这也解释了为什么卡拉瓦乔作品目录中新增的、尚不能确定的画作往往都属于肖像画的范畴。除了与马耳他骑士团相关的少数作品外，卡拉瓦乔在肖像画中所描绘的人物（所有人，至少在尚存共识的画中）远不及叙事作品中那些主角活跃激荡，充满存在感。然而，有些主角参照的是同一个模特。妓女菲莉德·梅兰德洛妮（Fillide Melandroni）就是一个著名的例子，卡拉瓦乔曾为她画过一幅肖像（1945 年在柏林被毁）。现存的彩色照片显示，在那幅半身像中，她是一个克制、古板、甚至心理上枯燥乏味的形象，然而当菲莉德被要求扮演抹大拉的马利亚和令人敬畏的、生猛割开了霍洛芬尼喉咙的犹滴时，她的表现则恰恰相反。

从最早期的作品开始，卡拉瓦乔就使用模特。男孩、老男人、迷人的年轻女性和丑老太婆们从他的画架前次第经过。很多时候，我们会在不同的场景中遇到相同的面孔。在职业生涯早期，卡拉瓦乔付不起专业模特的费用，所以他常请朋友和熟人做模特。后来，随着他的财务状况大大改善，要完成的作品尺幅更大、场景更加复杂，卡拉瓦乔建立了自己的工作室。工作室内有一个戏剧舞台，包括各种高度的台面，深色的墙壁，能调节不同强度和角度的光源。在这类"布景"中，画家一丝不苟地安排他的模特，让他们长时间处于一动不动的紧张状态。一个著名的例子是，1608 年至 1609 年间，卡拉瓦乔在墨西拿创作《拉撒路的复活》时，曾因强迫工作室的工人们举着一具已经死去几天（并开始散发恶臭）的年轻人的尸体，而遭到强烈的抗议。

但是后来卡拉瓦乔的纯熟技法令他已不太需要提前准备，也不需要使用铅笔或油彩画速写稿。我们没有发现卡拉瓦乔任何一幅单独的素描稿，即使不时有人吵嚷着企图找出未必确实的例证也无济于事。X 光和红外线检测出的底稿（直接描在画布上的准备稿）十分粗略，只有部分用刷柄划下的粗线，用来标记主要人物的位置。研究人物的布局只是一个短暂的阶段，此后卡拉瓦乔开始直接在画布上作画。

在卡拉瓦乔的早期作品中，反复出现一个五官端正的男孩。从此处正从身后抽出一张制胜纸牌的骗子，到《逃亡埃及途中的休息》里演奏小提琴的天使，他通常以侧面像出现在完全不同的场景中。他的真实身份很难确定，可能是一个名叫朱利奥（Giulio）的年轻人，专门为 17 世纪早期活跃在罗马的画家们当模特。

《诈赌者》（作品目录 4）

在卡拉瓦乔最富诗意的画作中，这位有着浓密鬈发，在《诈赌者》中摆造型的年轻人此时成为一位拉小提琴的非凡天使。（他也是《那喀索斯》中的侧颜少年）该模特的典型特征是他的大耳朵，有时他会通过留长头发和鬓角来遮住耳朵。

《逃亡埃及途中的休息》（作品目录 10）

那喀索斯[15]爱上了自己。宁静浪漫的画面中包含了一个"双重"形象：那喀索斯与水面倒影中的自己。显然，还是这位少年的侧影，此处他柔软的长发微微遮住了大耳朵。

《那喀索斯》（作品目录 16）

"他画了一名坐在椅子上的女孩，双手放在腿上，正在晾干头发；他将她安置在室内环境中，用地板上的油膏和项链暗示她就是抹大拉。她的脸略偏向一侧，脸颊、脖子和胸部泛着纯净、质朴和真实的色调，与整个人物的朴素形象相协调。她穿着短上衣，宽松的衣袖遮盖双臂，外面套着带绣花的白色锦缎衬裙，黄色长袍被环在膝盖处。我们详细描述了主人公的形象，来说明他的自然主义态度，以及用很少的颜色达到色彩真实性的模拟手法。"焦万·彼得罗·贝洛里不太推崇卡拉瓦乔的作品，但在这幅画面前，他也不能掩饰对艺术家的钦佩，因为卡拉瓦乔能自然地将日常生活中的场景转化成神圣主题。这位红头发的年轻女子是安娜·比安基尼（Anna Bianchini），曾有轻微的犯罪记录，在警方的报告中她被称为安努奇亚（Annuccia），是一位来自锡耶纳的妓女，也是菲莉德·梅兰德洛妮的朋友和同行。在卡拉瓦乔的其他作品中也能见到她，她的红头发很有标志性。卡拉瓦乔的画为她短暂而富有戏剧性的人生赋予了某种尊严。

《忏悔的抹大拉》（作品目录9）

安努奇亚·比安基尼匆忙扎起的一团浓密红发，映射着夕阳的余光。卡拉瓦乔满怀着诗意，把神圣家族艰难逃往埃及时的停顿想象成一个疲惫至极的时刻。马利亚（安努奇亚）已经睡着了，但仍然抱着熟睡的圣婴。

第 152—153 页

安努奇亚的生活异常艰辛。由于在法定的时间和区域之外卖淫，她时常会遭到逮捕、嘲弄以及殴打。她也参与斗殴，毫不犹豫地扔石头回击或拔刀自卫。最终她悲惨地死去，似乎是淹死在台伯河（Tiber）里。她那铁青肿胀的尸体启发了卡拉瓦乔创作出圣母马利亚临终时的感人形象。赞助人拒绝了这幅画，因为不愿接受它与如此严酷的现实事件密切相关。后来，彼得·保罗·鲁本斯代表曼图亚（Mantua）公爵温琴佐·贡萨加（Vicenzo Gonzaga）购买了它。

　　尽管由于保护欠妥而略有损伤（引起了人们对其真实性的怀疑，同时，产生怀疑的另一原因是，还存有几个被评论家们认为是原作的其他版本），这幅画仍是卡拉瓦乔早期创作中最感性、最迷人的一件。这张反复出现的、有着独特的黑色拱形眉毛的面孔是马里奥·明尼蒂的脸，他 1577 年出生于西西里，从在罗马的最初几年开始，直到帮助画家逃离马耳他，他始终是坚定扶持卡拉瓦乔的朋友。

第 156—157 页

　　"你知道我爱你，崇拜你"：卡拉瓦乔如此精确地再现了乐谱，以至于我们可以辨认出这首曲子。马里奥·明尼蒂弹奏鲁特琴，并演唱了一首雅各布·阿卡代尔特（Jacob Arcadelt）作曲的情歌。这位来自列日（Liège）的作曲家，长期活跃在意大利，后来又到了巴黎。1540 年左右他在罗马，是西斯廷礼拜堂的唱诗班伶长。这个主题的两个版本略有不同，其中一幅收藏于圣彼得堡，另一幅收藏于纽约。

《音乐家们》（作品目录 7）
第 156—157 页，《弹鲁特琴的少年》（作品目录 11）

拱形的眉毛，丰腴的圆脸，丰满的嘴唇，深黑色的眼睛，浓密的鬈发藏在叶子和葡萄串下面：在《酒神巴克斯》中，我们能辨认出，这是十八九岁时的马里奥·明尼蒂。卡拉瓦乔这位年轻的西西里朋友几乎总是裸着一只肩膀，表现出慵懒的性感。

《酒神巴克斯》（作品目录 5）

马里奥·明尼蒂摆出了一副明显不同寻常的表情，他看起来惊讶且略带刺痛。年轻的卡拉瓦乔在罗马的头几年就让他的青年朋友为他做模特、摆姿势，得益于模特出色的表演天赋，卡拉瓦乔得以成功把握从爱的倦怠到痛苦的尖叫之间一系列的情感状态。

第 162—163 页

在藏于底特律的作品中，卡拉瓦乔描绘了两个来自锡耶纳、年龄相仿的年轻女性。卡拉瓦乔可能是在画家和妓女的惯常出没地伊尔·图尔凯托（Il Turchetto）旅馆与她们相识的，之后她们成了他的模特。玛莎（侧脸的）由安努奇亚·比安基尼扮演，在这个场景中，她的红发向后梳着；抹大拉的马利亚（她的手放在镜子上）由菲莉德·梅兰德洛妮扮演。菲莉德在上流社会 [包括热衷于收集卡拉瓦乔作品的温琴佐·朱斯蒂尼亚尼（Vincenzo Giustiniani）] 颇有名气，她还与 1606 年被卡拉瓦乔致伤丧命的拉努乔·托马索尼保持着暧昧的关系。

在 1600 年以前，凭着一张聪明、坚毅的脸，菲莉德·梅兰德洛妮毫无疑问地成为卡拉瓦乔最喜欢的模特之一。她的一张肖像画之前被朱斯蒂尼亚尼收藏，在 1945 年柏林的一场大火中被毁。菲莉德于 1593 年抵达罗马，开始从事卖淫这一最古老的职业。就像经常发生的那样，她不仅为画家摆造型，还成为他的情人。她脸部的那块阴影衬出其深陷的眼睛和红棕色的头发。

第 166—167 页

对比同一时期的两幅精美画作，我们会发现模特菲莉德·梅兰德洛妮同时扮演了圣加大肋纳和犹滴。在这两幅画中，她棕色的头发都从中间整齐地分开，从太阳穴边松散垂落。就连身上的衬衫样式也很类似，都是方领口、肩带和泡芙袖。菲莉德所戴的黑色小丝带装饰珍珠耳环亦出现在卡拉瓦乔的另一幅作品中。在多里亚·潘菲利美术馆所藏的《忏悔的抹大拉》里，她的朋友兼同行安娜·比安基尼（安努奇亚）身旁就摆放着这件首饰。

《亚历山大的圣加大肋纳》（作品目录 19）
第 166—167 页，《犹滴斩首霍洛芬尼》（作品目录 15）

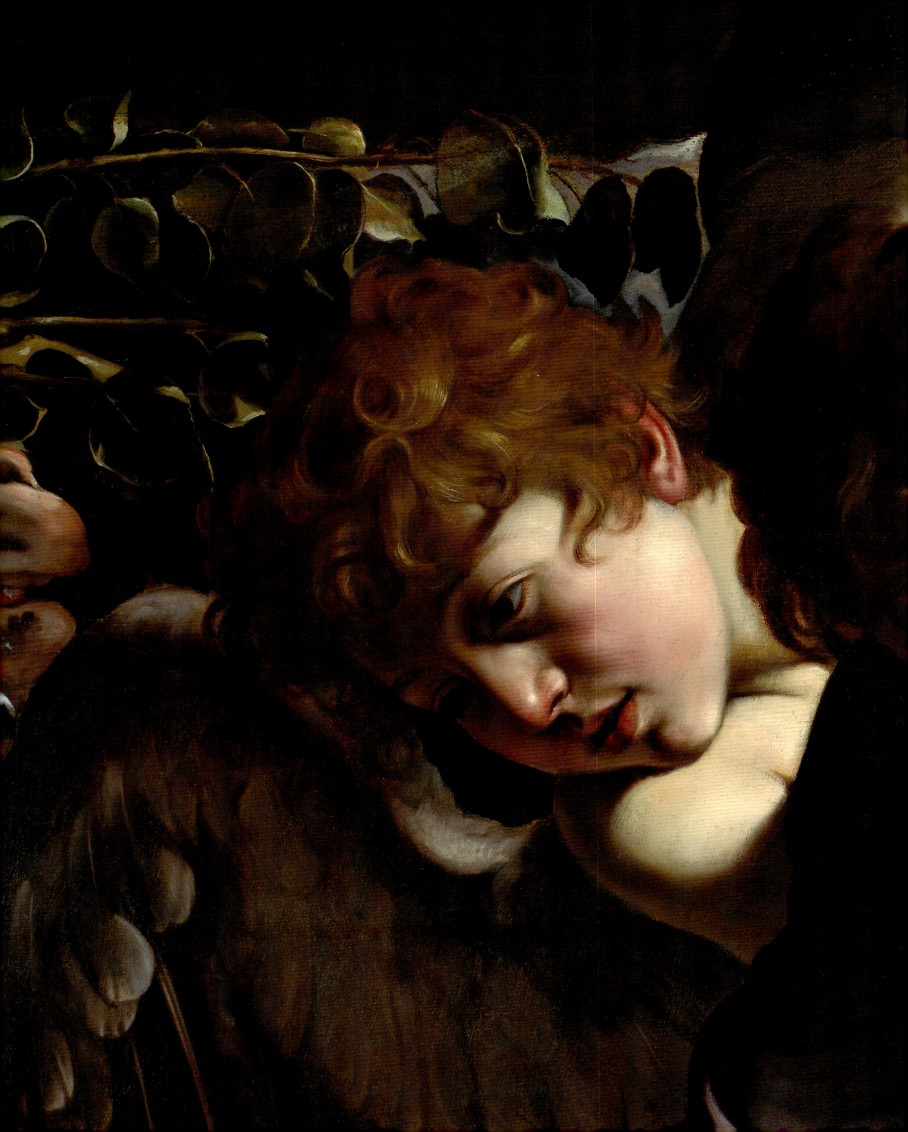

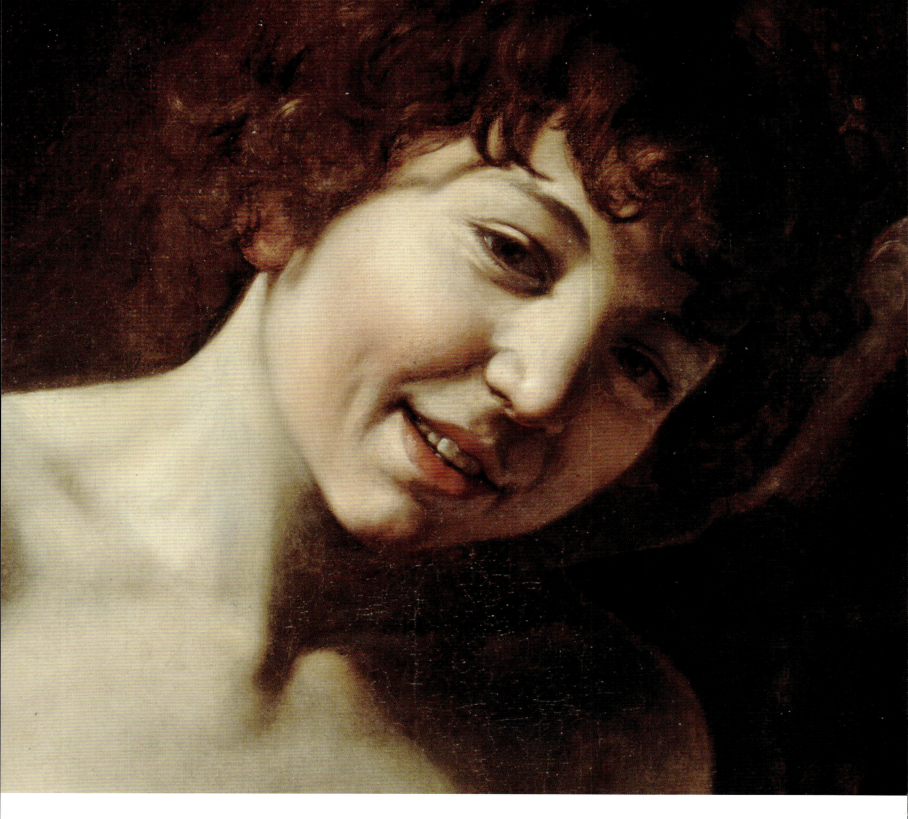

第 172—173 页

　　这个男孩通常被认为是弗朗切斯科·博纳利（Francesco Boneri），绰号"卡拉瓦乔的切科"（Caravaggio's Cecco）。在画家第一批重要的宗教画，即为圣路易吉·代·弗兰切西教堂和人民圣母教堂所作的圣画中，以及在接下来几年被藏家们订购的作品中，男孩的形象都能被辨认出来。在为切拉西礼拜堂绘制的初版《圣保罗的皈依》中，切科悬在半空，不过这幅作品最终没有交付。即使没有传记资料，我们也有一些关于这个善于用刀的伦巴第年轻人的信息。多年来，切科一直是卡拉瓦乔的模特、合作者，甚至可能是同居情人。后来，他成为一名能力超群的画家，或许是较好的意大利"卡拉瓦乔画派"画家之一。

　　切科以他的微笑和孩童般的身材展现了一种挑衅的形象——爱能战胜世间的一切。这幅富有活力的画作，被认为是马尔凯塞·温琴佐·朱斯蒂尼亚尼和他的哥哥红衣主教贝内代托（Benedetto）收藏的罗马神话题材作品中绝对的杰作。受雇于朱斯蒂尼亚尼家族的画家和传记作家约阿基姆·冯·桑德拉德（Joachim von Sandrart）认为，必须为卡拉瓦乔这件挂在画廊最后的作品盖上绿色的帷幔，以免它抢了其他优秀藏品的"风头"，也可避免参观者因男孩露骨的裸体而感到不安。

第 172—173 页，《圣保罗的皈依》（作品目录 22）
《爱神丘比特的胜利》（作品目录 26）

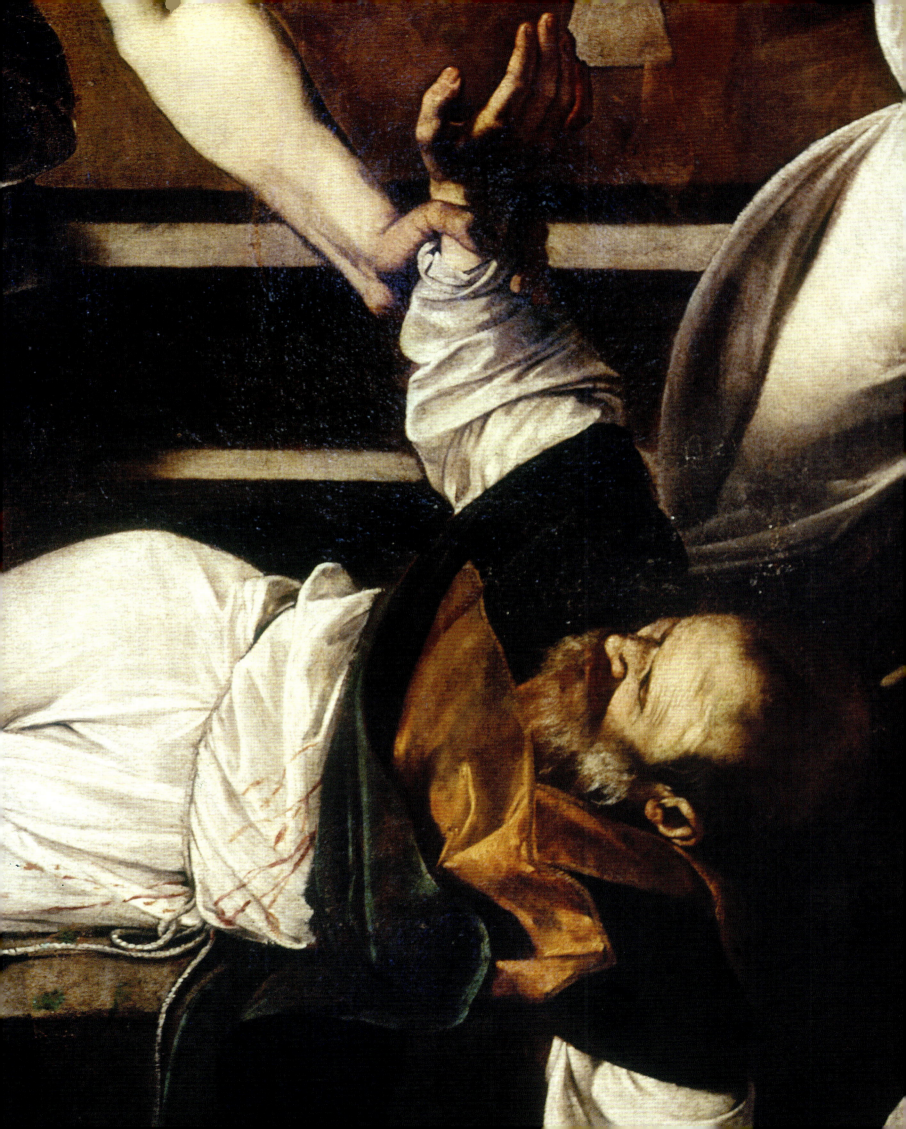

第 176—177 页

卡拉瓦乔在孔塔雷利礼拜堂（Contarelli Chapel）的侧壁祭坛画中为圣马太使用了两个不同的模特，他们唯一的相似之处是满脸的胡子。1600 年至 1605 年间，这位老年模特在卡拉瓦乔的不同作品中反复出现，第一次是在《圣马太殉难》中，《殉难》中的马太看起来应比《蒙召》场景中更老。在这里，他的胡子还是灰白的，而在接下来的几年里，就完全变白了。

17 世纪的头几年里，在切科装扮成天使或小男孩的时期，卡拉瓦乔反复用一个满脸胡须、神情严肃的秃顶男人作为模特，他是《圣经》中牧首和基督教圣徒的完美化身。在《圣彼得受难》中，卡拉瓦乔强调了一张已经衰老的脸和一个肌肉依然强健的体格之间的对比。

第 176—177 页，《圣马太殉难》（作品目录 21）
《圣彼得受难》（作品目录 24）

第 180—181 页

这个有着切科·博纳利天真面孔的男孩与满脸胡须的老模特之间的对话不断吸引着卡拉瓦乔。在孔塔雷利礼拜堂的祭坛画中，卡拉瓦乔将他对这一场景的偏好表现得明确而直接。

卡拉瓦乔在描绘亚伯拉罕的头部时，强调了年老模特的秃顶。光线落在半圆的前额上，突出的骨骼结构与柔软到几乎无形的胡须形成对比。

第 180—181 页，《圣马太与天使》（作品目录 28）
《以撒的献祭》（作品目录 33）

扮演冥想者老圣哲罗姆的模特堪称完美，对比他之前出镜的作品，这位模特老得有点快。将他在这幅画中的瘦削手臂与人民圣母教堂《圣彼得受难》里的壮实手臂作比较，就会发现他的肌肉越来越松弛，而且他的视力也在变弱。

《写作中的圣哲罗姆》（作品目录 40）

此处是这个我们熟悉的模特最后一次现身。他前额上水平层叠的皱纹和鼻子底部的垂直线把脸变成了一种富有情感的地图，画家急切地探索这种视觉特征与情感间的联系。正如我们将在另一章中所看到的，老人的身体特征表明他经历了贫穷和疾病。

《沉思中的圣哲罗姆》（作品目录 38）

手势、表情

列奥纳多·达·芬奇《最后的晚餐》中使徒们张开的手，米开朗琪罗西斯廷天顶画中上帝伸出的食指，以及提香《圣母升天》中主人公充满激情的凝视，这些意大利艺术史上具有里程碑意义的姿势被卡拉瓦乔借鉴，并对他建立起新的绘画观念产生了巨大的影响。

随着画作尺寸和复杂性的增加，卡拉瓦乔笔下人物姿态的表现力逐渐增强，构成了富有张力的宗教场景。绘画是"无声之诗"：要用姿势和面部表情取代语言，这种观念毫无疑问源自达·芬奇的反复阐述。年轻时，卡拉瓦乔肯定参观过瓦拉洛的圣山[16]，它与圣查尔斯·博罗梅奥[17]反宗教改革的信仰原则相符。从16世纪20年代高登齐奥·费拉利[18]构思的绘画和雕塑开始，瓦拉洛的建筑和装饰艺术不断发展，最终在一系列小礼拜堂中都增设了成组再现基督生活场景的雕像和壁画。此后，经一众高水平的画家、雕塑家和建筑师的努力，在俯瞰瓦拉洛的茂林高原上，一个非凡的"神圣剧场"拔地而起，它在表达方式上有所改进，对大众产生了强烈的吸引力。16世纪晚期，圣山模式在伦巴第、皮德蒙特和提契诺州（Canton of Ticino）之间的北部湖区和高地的其他中心地区被广泛应用。对于一个在米兰安布罗焦（Ambrosian）教区出生和长大的画家来说（不要忘记卡拉瓦乔的弟弟是一名牧师），这是一个无与伦比的通过神圣形象创造情感交流和体验的榜样。

在其绘画训练中，卡拉瓦乔还接触了其他范式：在帕多瓦和佛罗伦萨之间旅行时，他综合学习了乔托和马萨乔的风格；后来在罗马，他研究过古典艺术的庄严定式，以及米开朗琪罗"超级厉害"的西斯廷湿壁画。如前所述，卡拉瓦乔从不即兴创作，他的每一幅画都是直接的现实主义与深思熟虑的造型文化的悉心结合，绝不会落入学院化的预想模式。通过手势和面部表情传达人物的叙事性感受是他的基本手法。在此，他又一次从文艺复兴和古典世界的根源转向巴洛克的戏剧性风格。

　　老千夸张的手势和鬼脸几乎把这个角色变成了某种戏剧脸谱或漫画人物。破旧的手套突出了他的流氓形象，他的脸上流露出某种担忧。他通过举起右手的三根手指来暗示同伙，这个天真的年轻人手里有一组可能获胜的同花顺，即同一花色的三张牌。

《诈赌者》（作品目录 4）

马利亚的温柔令人难忘。在一场筋疲力尽的旅行之后，圣母从她的驴子上下来。她闭着眼睛，低头休息，垂下的右手表明她极度疲倦。尽管如此，她依旧维持着保护的姿势，用左臂搂住了熟睡的圣婴。

第 194—195 页

就在圣马太被处死的痛苦、混乱时刻，为弥撒服务的圣坛侍者尖叫着跑开了。在拥挤的画面中心，卡拉瓦乔用正面的白色十字架和桌子上点燃的蜡烛来标识祭坛，并在祭坛前留下一处空缺。手持棕榈枝的天使，可怜巴巴地试图保护自己的圣徒，大喊着的半裸男人，逃离圣坛的男孩，均围绕着这个中心展开。

被圣彼得半掩着身躯的基督以一个令人难忘的姿态进入场景中，他举起了手臂，食指指向马太。卡拉瓦乔明确套用了九十年前米开朗琪罗绘制的西斯廷天顶画《亚当的诞生》中人物的动作。这不仅是对文艺复兴时期最伟大杰作的致敬，也是一种象征意义的借用：卡拉瓦乔通过这个手势让观者明白，马太也是重生的"新人"。

第 198—199 页

这个现存于伦敦，记录了感人的福音书故事的版本，充满了各种意味深长的姿态。年长的门徒胸前戴着扇贝贝壳（圣地亚哥－德－孔波斯特拉朝圣的象征），垂直于画框伸出双臂。他身旁的基督伸出右臂和手来祝福，透视缩短加强了画面的纵深感。

《圣马太蒙召》（作品目录 20）
第 198—199 页，《以马忤斯的晚餐》（作品目录 25）

　　《圣马太与天使》的第一版（1945 年毁于柏林）被拒绝的原因之一是马太不够文雅，画中的天使正耐心地指引他将手放在书页上，帮助他写作。在孔塔雷利礼拜堂的祭坛画中，两个人物之间没有身体上的接触。然而，天使的形象仍很有说服力，他用手指的动作来强调口述的内容。

《圣马太与天使》（作品目录 28）

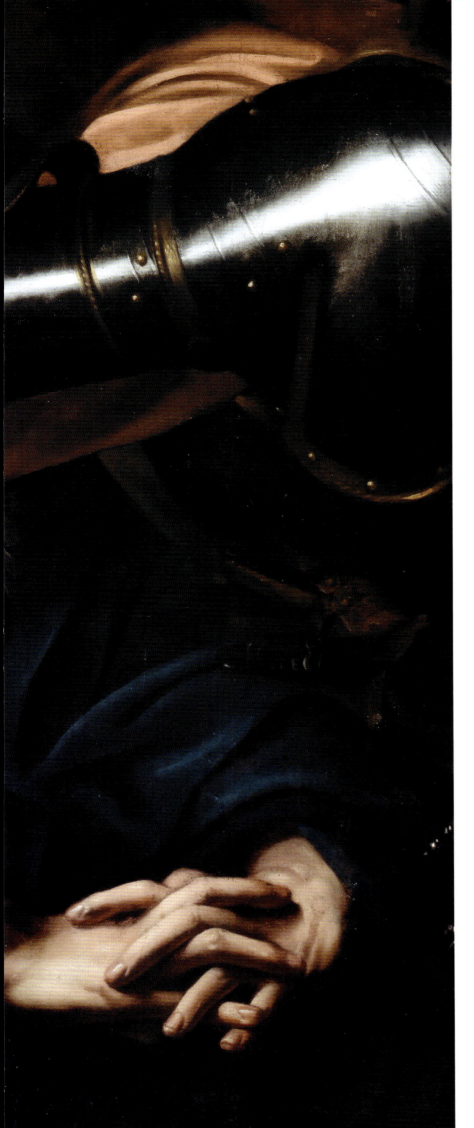

在犹大背叛的那一刻，基督放下了双手，十指交叉。根据方济各会精神，这个手势表示服从和自我牺牲的美德，即接受殉难。这与犹大和士兵紧紧抓住基督肩膀的手形成了鲜明对比。

《犹大之吻》（作品目录 29）

急促交织着的三张脸和三只手，构成了《犹大之吻》的基本核心。耶稣一动不动，仿佛变成了石头，他闭上眼睛，"同意"被出卖和逮捕。相比之下，画面左边的圣约翰用力举起手臂，大喊大叫，而犹大的苦脸扭曲着，正噘起嘴唇行背叛之吻。犹大的手紧紧抓住基督的肩膀，武装卫队士兵的铠甲之手紧随其后，伸向基督的胸膛。情感的波动在人物的紧密联系中得到了巧妙的表达。

《犹大之吻》（作品目录 29）

　　庄严的哀悼者挤在一起，围成一圈，然而，这其中的每个人都有容易区分的个人身份。两个男人脸上的张力显示出支撑基督沉重身体的压力落在他们身上，旁边的两个女人以一种更直接的方式表达了她们极度的悲痛。

《基督下葬》（作品目录 30 ）

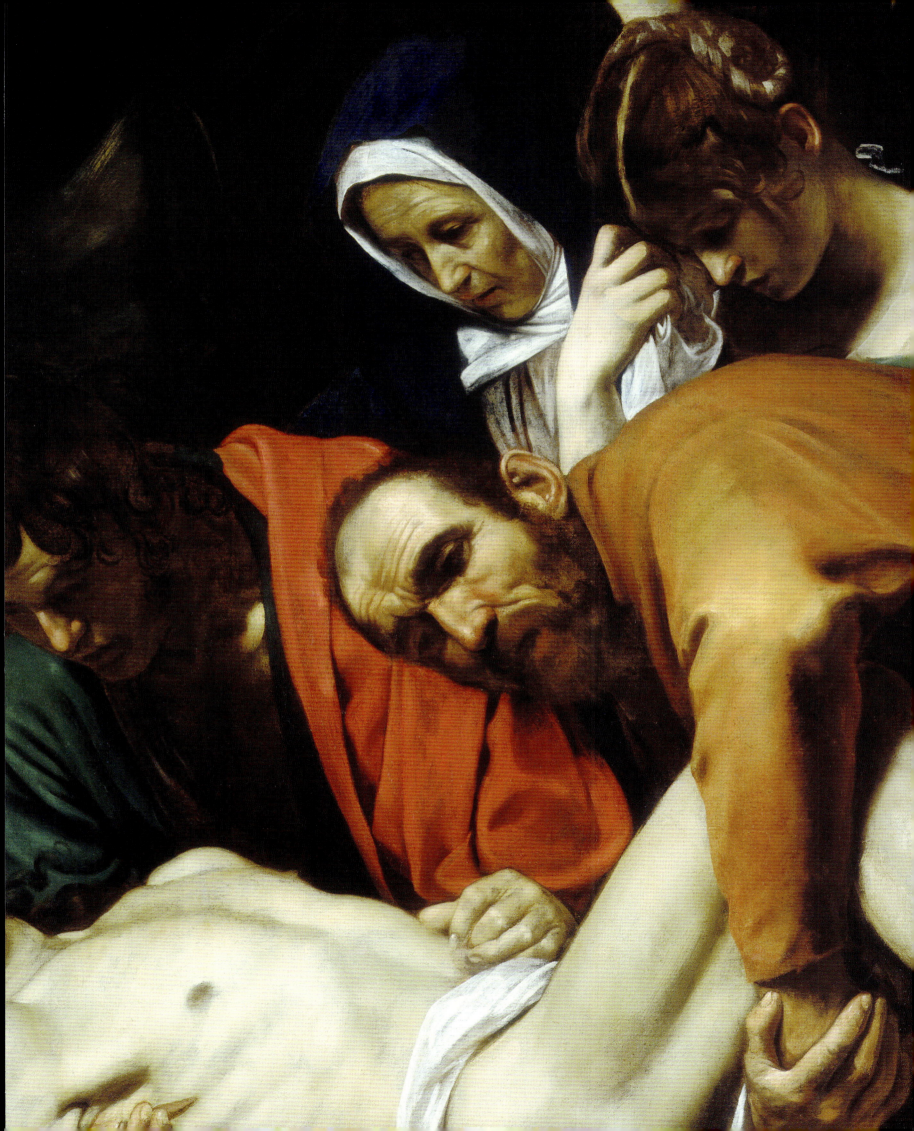

　　天使的手指清楚地表达了人类必须毫不犹豫地认同神的意志。亚伯拉罕即将献祭自己的儿子以撒，天使的另一只手抓住了他的手臂，令他动弹不得。这些有力的手势凸显了该场景的悲情。包括《圣马太蒙召》和《拉撒路的复活》，类似的直接而强烈的食指在卡拉瓦乔的作品中出现了不止两次。

《以撒的献祭》（作品目录 33）

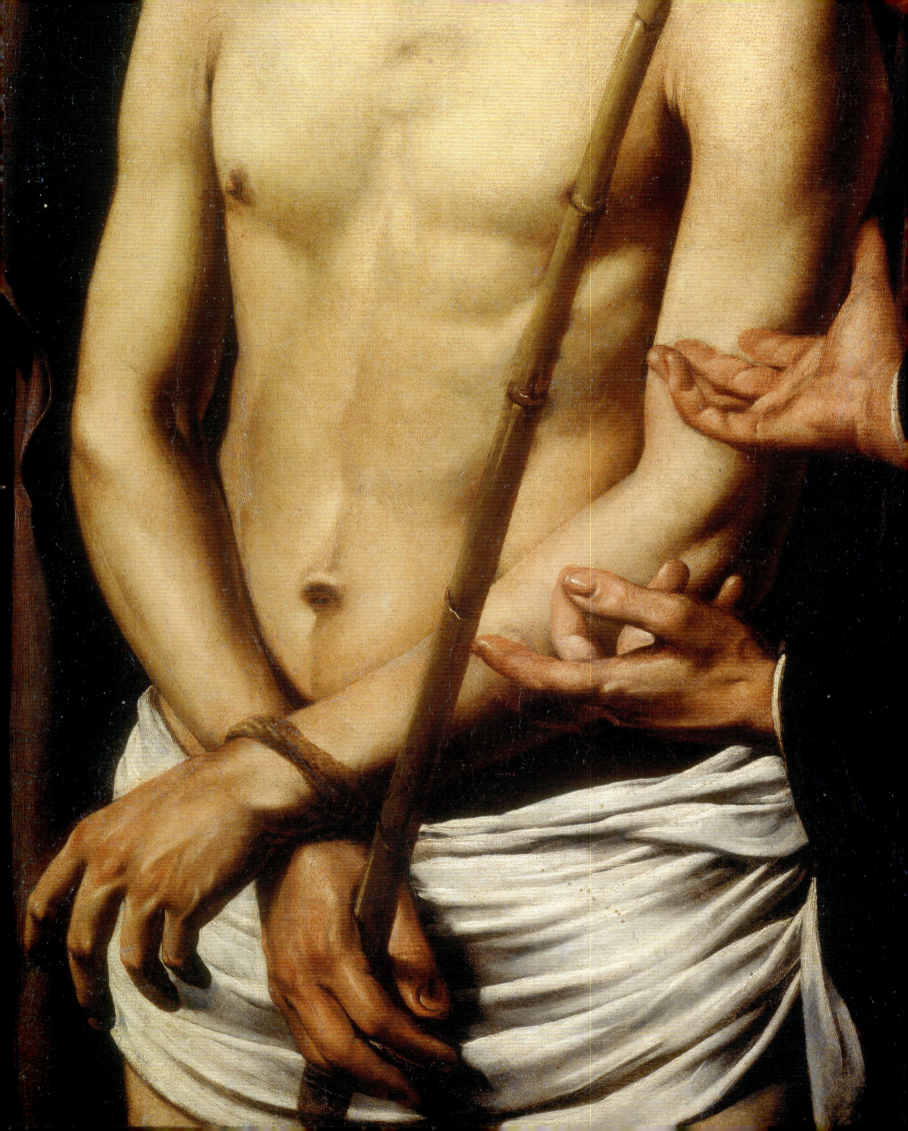

在前景中，卡拉瓦乔用庞修斯·彼拉多[19]的手势打破了由基督静止的躯干、手臂和双手所塑造的古典纯净，向观者强调了"试观此人"（看这个人）。

卡拉瓦乔将圣母死亡的一幕表现为普通人哀悼和绝望的激烈场面。放置圣母马利亚尸体的简陋木床，强化了黑暗背景后的赤贫环境。使徒们被描绘得单纯又深情，其中那个哭泣着的男人用手去擦眼睛，给人一种难忘的真实感。这幅画由贡萨加（Gonzaga）在鲁本斯的建议下于1607年以280金币的价格买下。随着曼图亚（Mantua）收藏品的分散，它传到英国国王查理一世手中，后又到了法国。

《圣母之死》（作品目录 36）

　　与伦敦版相比，米兰版的《以马忤斯的晚餐》人物动作更克制、更持重，因而情节展现得更慢、更深入。桌上只有一些简陋的东西，没多少食物供应，看上去光秃秃的，一片寂静。色彩暗淡，光线微弱。在对面包祝圣时，基督仅抬起手来，没有去触碰已经破碎的面包。他的一半脸颊落在阴影里，形象地诠释了福音故事的结尾：两个旅人一认出他，他就从他们的视线中消失了。卡拉瓦乔带领我们观看了一场基督显现、在场和消失的戏剧。

　　第 216—217 页

　　对拉努乔·托马索尼施以致命重伤后，卡拉瓦乔（也受了伤）得到了科隆纳家族的支持和庇护。科隆纳家族很可能委托他为那不勒斯的圣多梅尼科（San Domenico）教堂创作了这幅画，画面最左边转向观众的高贵人物可能就是科隆纳家族的一员。然而，这幅祭坛画从未被放在礼拜堂里，1607 年，它以 400 金币的价格被卖给了弗莱芒画家路易斯·芬森（Louis Finson），后者将它带到了安特卫普。姿势和手势具有特殊的虔诚意义，强调圣多梅尼科作为调停者的作用。跪着的礼拜者不是向圣母马利亚祈祷，而是向手里拿着念珠的圣多梅尼科祈祷。

《以马忤斯的晚餐》（作品目录 42）
第 216—217 页，《玫瑰经圣母》（作品目录 43）

　　大型祭坛画《七善事》无疑是卡拉瓦乔最富想象力和最复杂的叙事作品，他因此获得了 470 金币的巨款。每个人物富有表现力的姿态在统一场景的戏剧性以及流畅衔接各情节片段两个方面都是不可或缺的组成元素。作品上部两位天使杂技般的拥抱姿势令人惊叹。1613 年，皮奥·蒙特（Pio Monte）宣布，这幅祭坛画不能以任何价格出售，必须永远留在教堂中。

《七善事》（作品目录 41）

这是老年人和年轻人之间的另一次对比。卡拉瓦乔一如既往地不仅研究身体外貌，还关注各种情绪反应。在《施洗者约翰被斩首》的空旷场景中，莎乐美在指挥行刑的官员旁边，漠不关心地弯下腰，动手安置盛放圣约翰头颅的托盘。在她身后，一位老妇人双手抱头，表现出一种克制恐惧的姿态。

《施洗者约翰被斩首》（作品目录48）

卡拉瓦乔引导观众的视线穿过一座乡村木棚屋的暗处，在朴素的草垫上，圣母马利亚躯体舒展，这与该画的赞助者嘉普遣会（Capuchin）修士谦卑的奉献精神相呼应。圣婴靠近圣母的脸，亲吻她并无限温柔地拥抱她。

《牧羊人的敬拜》（作品目录 52）

彼得的手势有夸张、故意之嫌，他特意把手放在胸前以强调他的真诚。在基督夜间被捕后的几个小时内，彼得三次否认他认识耶稣。在这里，他驳斥了一个女人对他的指控，她在对士兵讲话时反复指着他。

《圣彼得的否认》（作品目录 47）

身体、肌肤

卡拉瓦乔不止一次因伤病住院。在充斥着暴力的生活中，他学会了徒手或用匕首、剑、手边的任何东西进行攻击——他曾经将一盘洋蓟扔到无礼的侍者脸上。肉体在卡拉瓦乔的生活中扮演着主角，可能比智力或精神更重要。卡拉瓦乔在他最早的自画像中没有隐藏健康不佳的迹象，他的眼下有黑眼圈，面色灰白。坚决直白地、不带粉饰地表现肉体，是卡拉瓦乔的另一项创新。他邀请我们，像圣多马一样，把手指伸进皮肤里，去探测肌肉的真实性。

卡拉瓦乔能够将人物的外表画得栩栩如生是基于一个前提，即绘画不是来自记忆或预先的草稿，而始终要有一个有血有肉的模特在场。正如我们在《重复的模特》一章中看到的，相同的模特在这幅画中也在那幅画中，不仅是人，服装和珠宝等细节也是如此。聚光令卡拉瓦乔对身体的分析格外敏锐，有时甚至显得无情——他不仅凸显一个老人脸上的皱纹和褶皱，也会突出年轻的壮汉微微松弛的身材。和在静物画中一样，卡拉瓦乔在这里的表现无关于炫耀精湛的技艺或一种伪造真实的普遍技巧。表现身体和表现事物一样，暗示的是一种情感上的，甚至是道德方面的内在诠释。

这种原始巴洛克风格的影响在《犹滴斩首霍洛芬尼》中表现得淋漓尽致，画面中人物的肢体语言似乎夸张到了漫画的程度，在表现力上可与达·芬奇的"怪诞的头"[20]相媲美。霍洛芬尼被表现为一个肌肉发达的年轻壮汉，他在惊讶和痛苦中疯狂挣扎，动作激烈，从被割断的脖子中喷出的血液几乎凝结成了固体。年轻美丽的犹滴沉浸在愤怒中，她眉头微皱，双唇紧闭，也许会让人想起多那太罗（Donatello）的《圣乔治》（St George）或米开朗琪罗的《大卫》（David）。仆人阿布拉（Abra）以侧面像进入画面，这个"角色"惊恐万状，姿势僵直，特别是长着一张布满皱纹的、被时间蹂躏过的脸。

年轻大卫修长而光洁的腿与死去的巨人歌利亚巨大的、握紧的暗色拳头所形成的对比，获得了非凡的效果。卡拉瓦乔塑造人物时，经常利用肮脏的指甲这一细节。

《大卫和歌利亚》（作品目录 31）

在 16 世纪的最后几年，卡拉瓦乔运用一种精确的强光来界定场景和人物，为的是增强表现力并凸显人物的皱纹肌理，不仅是主要人物的皱纹，还包括那些在电影中可能被称为"角色演员"[21]的人物。犹滴的老仆人阿布拉是卡拉瓦乔全部作品中最令人难忘的"配角"之一。那因恐惧而呆滞的眼睛，布满皱纹的脸，以及无牙的瘪嘴，都使这一形象像个漫画人物，但并不怪诞。

《犹滴斩首霍洛芬尼》（作品目录 15）

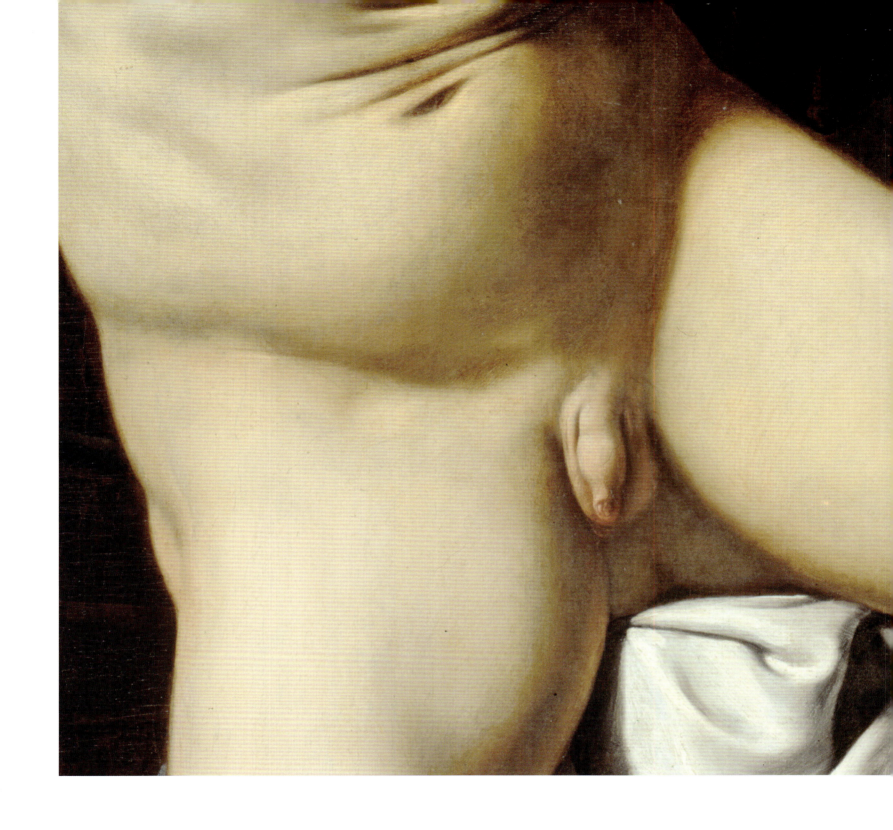

　　未到青春期的男孩张开了腿，他的生殖器清晰可见。这种大胆的细节出现在一位红衣主教的艺术收藏中似乎不太合适。因此，这幅画被绿色的帷幔覆盖着，主教朱斯蒂尼亚尼只向值得信赖的朋友展示它。

《爱神丘比特的胜利》（作品目录 26）

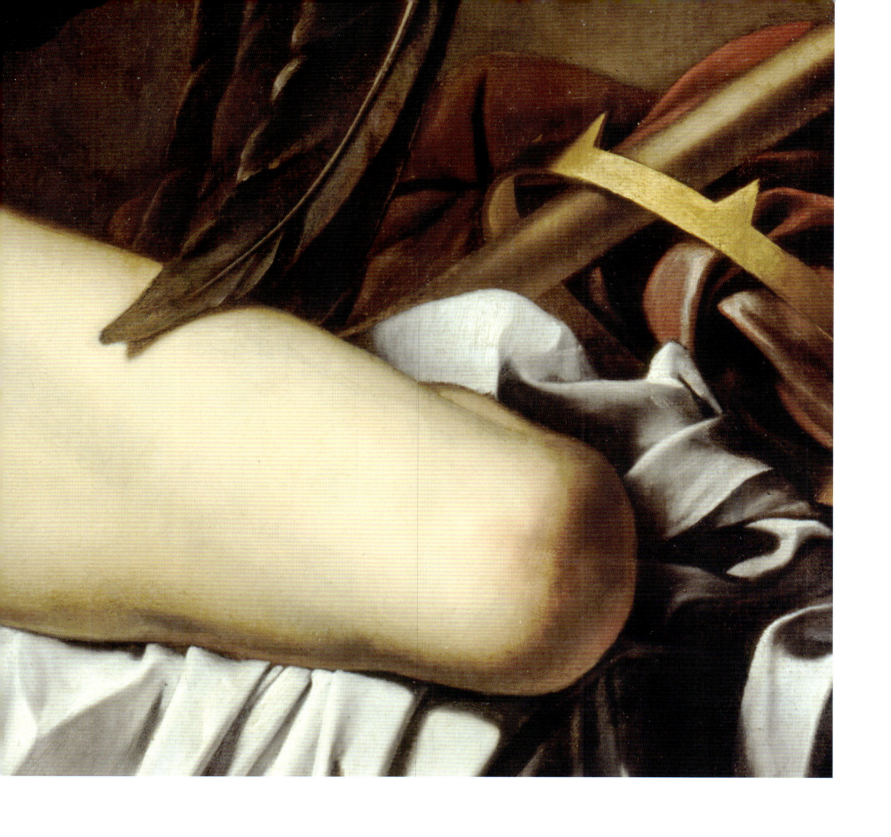

手臂垂落的耶稣遗体，让人想起了圣彼得大教堂中米开朗琪罗著名的雕塑《圣殇》（*Pieta*）。然而，这一神圣的原型被带入了一个具有明显肉身性的人类情境中。卡拉瓦乔特别强调了圣约翰紧抱着耶稣受伤上身的手，而尼科迪默斯（Nicodemus）裸露的双腿上凸出的静脉则让人想起人民圣母教堂《圣保罗的皈依》中马夫的双腿。

《基督下葬》（作品目录 30）

第 244—245 页

带着不加掩饰的愤怒，乔瓦尼·巴廖内如此描述《洛雷托圣母》："此画源自两位朝圣者的生活，一位满脚泥泞，另一位戴着破旧肮脏的帽子。正因这幅重要的画作有如此琐碎的细节，公众才会大惊小怪。"根据前特伦托式天主教礼仪，鉴于这幅画在弥撒仪式上的位置，这个细节被认为是"不可原谅的"，因为朝圣者粗糙、肮脏的脚就在面向祭坛的牧师眼前。

根据一份 1605 年 6 月 25 日的文献，卡拉瓦乔受聘为马西莫·马西米（Massimo Massimi）绘制一幅油画，即《试观此人》，完成日期在第二年的 8 月 1 日之前。大概是对卡拉瓦乔的油画不满意，1607 年，马西米重新委托佛罗伦萨派艺术家卢多维科·奇戈利（Ludovico Cigoli）以同一主题绘制了另一个版本。收藏家可能不喜欢彼拉多浮夸的姿态中对悲剧及怪诞气氛的特别强调，因为他看起来更像一个漫画中怒容满面的地方长官，类似"庞奇和朱迪"[22]式的木偶。

第 244—245 页，《洛雷托圣母》（作品目录 34）
《试观此人》（作品目录 37）

另一个丑闻是由"赤裸的婴儿耶稣"引起的，在为圣彼得大教堂绘制的画作中，他占据了中心位置，而这显得不太适合。由于圣婴是画面的焦点，小男孩的生殖器便异乎寻常地，甚至带有挑逗意味地引人注目。

《圣母、圣婴和圣安妮》（《圣母与毒蛇》）（作品目录 39）

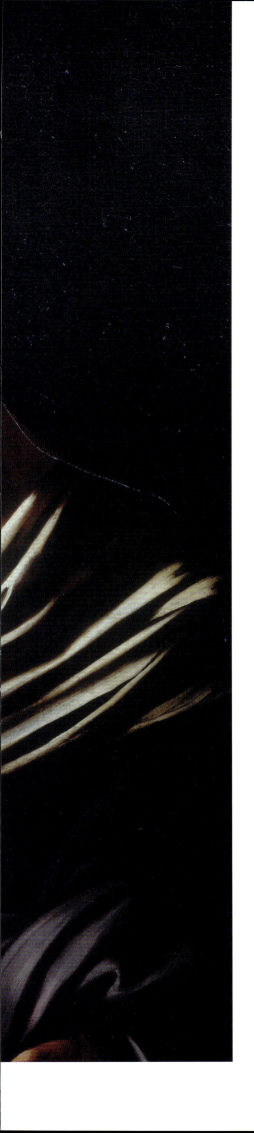

　　罗伯托·隆吉将圣安妮的形象描述为一个"不引人注目的老太婆",而她恰恰是这幅祭坛画献祭的对象。丰满的莱娜·安托涅蒂(那个富有挑逗性的圣母马利亚形象的模特)和老妇人布满皱纹的脸之间的对比太明显了。

《圣母、圣婴和圣安妮》(《圣母与毒蛇》)(作品目录 39)

　　卡拉瓦乔对身体无情的检视能够产生足够精确的结果，甚至足以进行医学诊断。皮肤科医生观察了这些粗糙发红的手后，判断这是糙皮病的症状。糙皮病是一种由维生素缺乏引起的皮肤病，在一段时间内广泛存在于社会底层人群中。毫无疑问，画家付给他的老模特的钱起了作用，他出现在这个时期的许多画中。

《沉思中的圣哲罗姆》（作品目录 38）

《以马忤斯的晚餐》的第二版描绘了一个简陋的环境。餐桌布置和食物暗示着这是一家便宜的旅馆。在前额布满皱纹的旅店老板身旁，站着一位面色苍白、满脸痛苦的老妇人，她从周围的黑暗中显现出来，沉默而可怜。

第 256—257 页

一个赤裸着身体坐在地上的乞丐正准备起身接受斗篷，他经典而自然的姿势来自希腊化时期的河神雕像。在千年古城那不勒斯熙熙攘攘的人群中，这一场景暗示了"为赤裸者着衣"[23] 的仁慈。卡拉瓦乔再次展示了他将对古物的追忆与炽热的人类真理结合起来的自如技巧。

《以马忤斯的晚餐》（作品目录 42）
第 256—257 页，《七善事》（作品目录 41）

第 258—259 页

《被鞭笞的基督》让人想起了罗马蒙托里奥（Montorio）的圣彼得洛（San
Pietro）教堂里塞巴斯蒂亚诺·德尔·皮翁博（Sebastiano del Piombo）的一
幅著名壁画。然而，这样的借鉴依然不是出于旁征博引的炫耀，而是激励人
们将肖像传统与自然真实进行比较。卡拉瓦乔强调基督高贵、强健的身体和
刽子手粗糙的脸之间的对比，以达到一种非凡的表现力。在画中，前者被完
全照亮，后者局部被阴影笼罩。

为创作这幅晚期绘画，卡拉瓦乔从他的模特名单里选了这名老妇人，她
不仅出现在马耳他同一主题的大型画作中，还出现在《拉撒路的复活》和《埋
葬圣露西》中。卡拉瓦乔以一种典型的方式，将她黑黝黝的、布满皱纹的脸
与莎乐美年轻光滑的脸进行了对比。

第 258—259 页，《被鞭笞的基督》（作品目录 46）
《莎乐美和施洗者约翰的头颅》（作品目录 51）

动物的含义

在宗教题材的艺术中，逃亡埃及途中休息的驴子、施洗者约翰的羔羊和以撒献祭中的公羊，都是具有叙事性的、不可或缺的动物元素。卡拉瓦乔没有回避它们的必然出现，甚至走得更远，在某些情况下，他会将动物设置为主角，而不仅仅是附属的形象。罗马人民圣母教堂切拉西礼拜堂中，《圣保罗的皈依》里那匹引人注目的大花斑马，无疑是卡拉瓦乔不拘泥于传统图像学的一个例子。

关注画作中的动物，是接近卡拉瓦乔作品的一种特殊方式。我们立刻就会发现，他笔下的都是些平常无奇的动物，它们似乎可以证实和强化画家对平凡的日常现实的偏好。无论是马和驴、绵羊和公羊，还是蛇与蜥蜴，他作品中的所有动物每天都可以在罗马的牧场甚至街道上见到，因为那时这里的大部分地区还是乡村。卡拉瓦乔也并未忽略巴洛克绘画中丰富的异国情调——鲁本斯画的老虎和鳄鱼，以及以和平王国[24]或挪亚方舟形式出现的动物世界的荒诞寓言，这些都是 17 世纪早期收藏家的最爱。唯一的例外，是卡拉瓦乔最不寻常的画作之一，也是他少数的神话题材之作：《木星、海王星和冥王星》，它被直接画在邦孔帕尼·卢多维西别墅炼金术实验室天顶的干石膏上（而不是像传统湿壁画那样画在湿石膏上）。尽管它毫无疑问是卡拉瓦乔的真迹，但因处于私人场所内，此处的天顶画是画家最少被复制的作品之一。粗暴的视角（一个天球的拱顶占据了中心，人物被推到了极端边缘）和欠佳的维护状态使得画面很难被"解读"。然而，它是本章中的一幅关键作品，因为奥林匹斯山的三神[25]与他们各自的动物，具有很高的象征性和同一性：海王星（Neptune，海洋和地震之主）的象征性动物是一头蹼足的海马；冥王星（Pluto，冥界之主）的象征性动物是三头狗，即冥府的地狱犬；木星（Jupiter，天空和天堂之主）的象征性动物是鹰。在细节上，我们可以看到卡拉瓦乔是如何处理现实和神怪间的三元关系的。

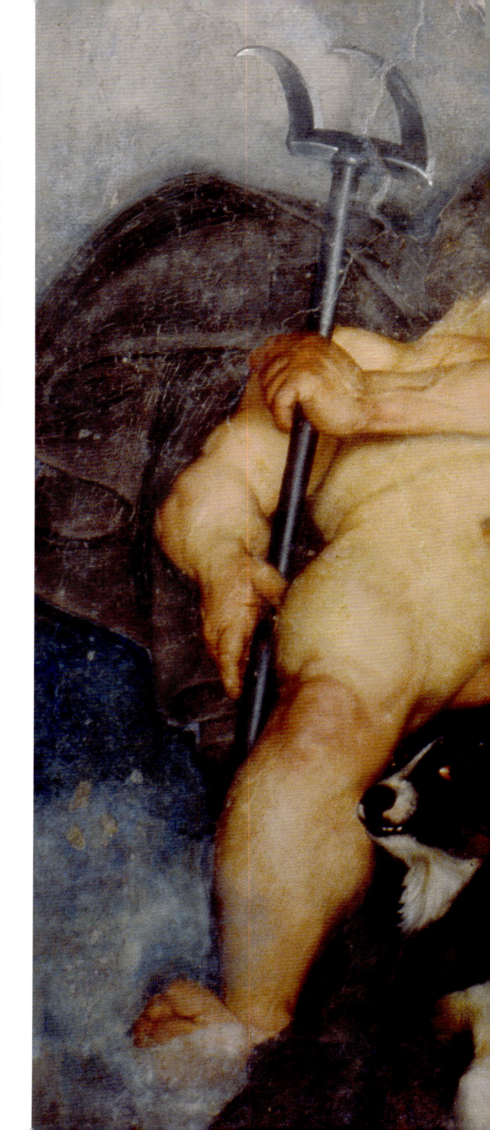

主教弗朗切斯科·马里亚·德尔·蒙特在他别墅花园的深处，一个"有酿酒坊的小房间"里进行了炼金术实验和占星学研究，这源于文艺复兴晚期典型的追求，即在科学和神秘学之间保持一种不稳定的平衡。在小房间的天顶上，卡拉瓦乔没有使用真正的湿壁画技术在湿石膏上作画，而是直接在干石膏上画了一幅神话题材的作品。奥林匹斯山的三个希腊神，宙斯（Zeus）、波塞冬（Poseidon）和哈迪斯（Hades），或罗马人所知的木星、海王星和冥王星，分别象征着对空气、水和土地元素的统治。画中使用的一种叫作"从下往上"[26]的透视技术，让人想起曼图亚（Mantua）的朱利奥·罗马诺（Giulio Romano）和艾米利亚（Emilia）的柯勒乔（Correggio）、帕米尔贾尼诺（Parmigianino）和莱利奥·奥尔西（Lelio Orsi）在装饰艺术中所做的意大利北部矫饰主义实验。在这里，海洋之神和冥界之神都与他们各自的象征性动物一同呈现：一头蹼足的海马和守卫地狱之门（这个地方以它主人的名字命名）的怪兽三头狗。

《木星、海王星和冥王星》（作品目录 13）

根据古典神话，主教德尔·蒙特炼金术实验室天顶上描绘的三神是兄弟，因而这些人物十分相像（他们也让人想起卡拉瓦乔的外貌）。宇宙是一个半透明的类珍珠球体，带有黄道十二宫，在画面中心的云层中旋转。也许是受荷兰艺术家亨德里克·霍尔齐厄斯[27]版画作品的启发，宙斯的形象带有一种杂技表演般的缩短透视，作为上帝图式的一部分，鹰似乎在费力地支撑着宙斯。从卡拉瓦乔工作室的清单中，我们知道他拥有一对鹰的翅膀标本，它被用作天使翅膀的模型。

第 268—269 页

此画描绘了另一个神话主题：丑陋的蛇发女妖被砍下头颅。只需瞥一眼，美杜莎就能把她的敌人变成石头。英雄珀修斯（Perseus）为避免与其对视，依据抛光盾牌上的倒影进行攻击，一举将美杜莎的头斩落。卡拉瓦乔把这个可怕的形象画在一件礼仪盾牌上，它是德尔·蒙特主教送给托斯卡纳（Tuscany）大公费迪南一世·德·美第奇（Ferdinand Ⅰ de'Medici）的礼物。画中蛇的黏滑交缠，是一种骇人的写实，无疑来自生活。在意大利中部，拉齐奥和阿布鲁佐（Abruzzo）两地间都庆祝的塞尔帕里节[28]，这个后来被基督教徒们接受的古老异教传统，现在仍然留存。它的游行和仪式都与人类防止被毒蛇伤害的主题有关。

《木星、海王星和冥王星》（作品目录13）

第 268—269 页，《美杜莎》（作品目录 14 ）

在宗教绘画中，羔羊与施洗者约翰联系在一起。参照习语"Ecce agnus Dei"（看，上帝的羔羊），基督的先行者在传统上与羊相伴，其中羔羊指的是基督，他也是牺牲者。但是在卡拉瓦乔的这幅油画中，肖像神秘的象征意义被置于次要位置，取而代之的是对前景中战栗的动物充满同情的、自发的描绘，柔软的羊毛质感让人难以忽略它的存在。

《施洗者约翰》（《荒野中的约翰》）（作品目录 17）

这是卡拉瓦乔充满欢乐的画作之一。微笑的男孩摆出西斯廷礼拜堂天顶画中米开朗琪罗塑造的一个裸体人物的姿势，但没有夸张的肌肉。要解释这幅画的主题，就需要注意年轻人搂着的动物。它不是羔羊，而是公羊，故而此画与施洗者约翰没有传统意义上的联系。公羊象征着以撒逃脱危险的满足感，或者更可能指的是一个经典的神话故事。这幅画在一份旧目录中被记载为"牧羊人弗里索"（The shepherd Friso），实际上表现了神话中的弗里克索斯（Phryxus），他骑着一只披着金羊毛的公羊，穿过赫勒斯蓬特海峡 [29]，到达科尔基斯（Colchis）[后来被贾森（Jason）和他的阿耳戈英雄们（Argonauts）找到]。卡拉瓦乔画的羊毛上确实有金色的亮点。

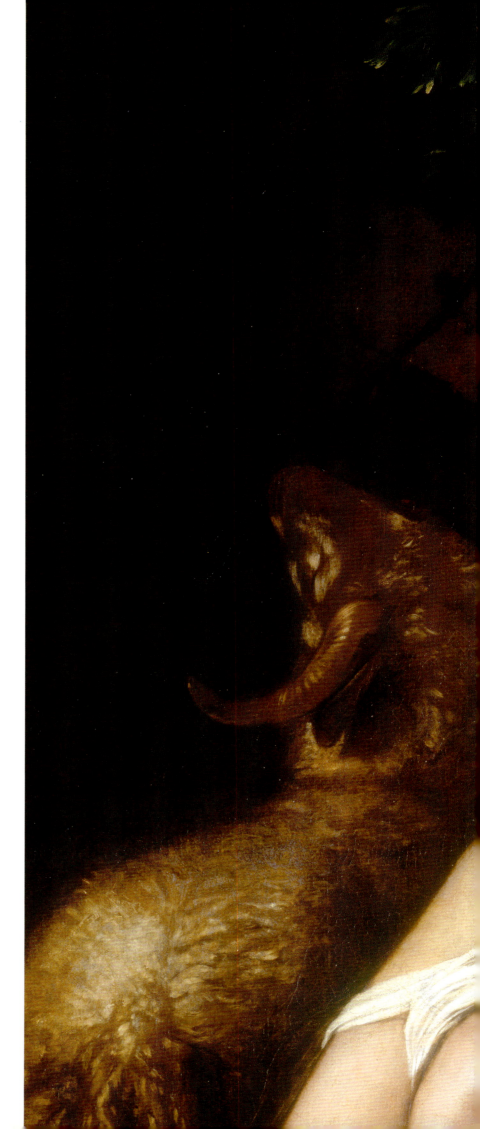

在生命的最后，卡拉瓦乔再次描绘了他喜欢的角色：施洗者约翰。这次最后的阐释流露出一种深刻的忧郁，几乎带有一种预感。年轻的施洗者约翰，是一个疲惫的瘦弱男孩。一件搭着的厚斗篷和一只面朝画内的公羊出现在浓密树影的微光中。动物似乎迷失在阴影里，就要从人们的眼前消失，这种效果与卡拉瓦乔早期画作中描绘的羔羊和公羊截然不同。

《施洗者约翰》（作品目录 53）

人民圣母教堂中蒂贝里奥·切拉西（教皇财务官）礼拜堂侧壁祭坛画的变迁是众所周知的。卡拉瓦乔在根据 1600 年 9 月 24 日的合同条款（按照合同规定，这幅画是画在柏树板上，而不是画布上）完成这项工作后，彻底改变了主意，提出了与该主题完全不同的构想。第一版的《圣保罗的皈依》[由奥代斯卡尔基公主（Princess Odescalchi）收藏] 中，一个戏剧化的、充满活力的场景被置于开阔的乡村背景里。所有人物情绪饱满，面容生动。一匹高大的白色骏马主宰着整个画面，它睁大的眼睛突出了这一场景的超自然特征。卡拉瓦乔煞费苦心地描绘了这匹奔马口中的白沫。

《圣保罗的皈依》（作品目录 22）

为切拉西礼拜堂所作的《圣保罗的皈依》的第二版也是最后版本，画面由一匹大花斑马主导。圣徒落马倒地的场景没有发生在通往大马士革的路途中，而是在疲惫的一天结束时，圣保罗倒在了黑暗的马厩中，当时只有一个老马夫在场。这不是一个喧嚣的公共事件，而是一处无声的、私密的、内向的场景。细节徐徐展开：马夫腿部扩张的静脉，马谨慎到近似笨拙的动作——抬起前腿以避免践踏地上的圣徒。关于宗教绘画的反宗教改革戒律［例如红衣主教加布里埃莱·帕莱奥蒂（Cardinal Gabriele Paleotti）1582 年的《神圣与亵渎的不和谐》（*Discorso intorno alle immagini sacre et profane*）］曾建议，不要过分突出马或展示它们的后躯，但卡拉瓦乔公然无视这些指示。

《圣保罗的皈依》（作品目录 23）

1603 年，受马费奥·巴尔贝里尼（Maffeo Barberini，未来的教皇乌尔班八世）委托，卡拉瓦乔画了最后一幅以风景作为背景的画。这是一个农业化的环境，能让人想起类似拉齐奥乡村那类不起眼的地方，以说明前景中公羊存在于这样的"田园"中是合理的。受惊的以撒绝望的叫声与这只安静的动物形成反差。卡拉瓦乔把这一重要《圣经》篇章中的两个牺牲的"受害者"并置一处。

《以撒的献祭》（作品目录 33）

　　"蛇的圣母"是卡拉瓦乔受圣彼得大教堂的帕拉夫雷涅利宗教协会委托所作祭坛画的描述性标题之一。在耶稣的帮助下，圣母踩死了一条象征邪恶的蛇。从教义的角度看，教皇庇护五世在 1567 年曾发表教皇诏书，谈及天主教徒和新教徒关于罪恶问题的争论时曾提到这个主题。[30] 作为成长于米兰的年轻人，卡拉瓦乔一定在焦万·保罗·洛马佐(Giovan Paolo Lomazzo)的一幅祭坛画中看到了关于该主题的第一个隐喻。卡拉瓦乔的这幅画当时没被接受，因为它无视体统，选择了性感的莱娜·安托涅蒂作为圣母马利亚的模特，裸体圣婴的年龄明显偏大，而原本是祭坛献祭对象的圣安妮几乎不具有理想化的形象。画中，卡拉瓦乔对蛇进行了逼真的描绘，可谓是一条四线蛇的坚实样本。四线蛇的长度可达两米，是意大利发现的最大的蛇种。

《圣母、圣婴和圣安妮》(《圣母与毒蛇》)（作品目录 39）

译者注

[1] 阿尔皮诺骑士（Cavaliere d'Arpino）：即朱塞佩·切萨里（Giuseppe Cesari，1568—1640 年），他被赞助人教皇克雷芒八世封为基督骑士，加上祖籍是阿尔皮诺，因此被称为阿尔皮诺骑士。

[2] 温琴佐·坎皮（Vincenzo Campi，约 1530/1535—1591 年）：文艺复兴后期在克雷莫纳工作的 16 世纪意大利画家，是意大利北部最著名的、以佛兰德斯式的现实主义风格进行创作的首批艺术家之一。

[3] 乔瓦尼·安布罗焦·菲吉诺（Giovanni Ambrogio Figino，1548/1551—1608 年）：意大利文艺复兴时期的米兰画家。

[4] 朱塞佩·阿钦博尔多（Giuseppe Arcimboldo，1526—1593 年）：意大利文艺复兴时期著名的肖像画家，也做挂毯设计和彩色玻璃装饰设计，其作品特点是用水果、蔬菜、花、书、鱼等各种物体堆砌成人物的肖像。

[5] 彼得·阿尔岑（Pieter Aertsen，1508—1575 年）：文艺复兴时期的尼德兰艺术家，主要在阿姆斯特丹和安特卫普绘制大型作品，大部分作品为静物画和风俗画。他绘制的祭坛画已全部失传。

[6] 约阿基姆·贝克勒（Joachim Beuckelaer，约 1533—约 1570/1574 年）：弗莱芒画家，专门研究市场和厨房场景，对北欧和意大利静物画的发展产生了重要影响。

[7] 扬·勃鲁盖尔（Jan Brueghel，1568—1625 年）：老彼得·勃鲁盖尔（Pieter Brueghel the Elder，约 1525—1569 年）次子，因擅长静物画而被称为"花卉勃鲁盖尔"或"丝绒勃鲁盖尔"。老彼得·勃鲁盖尔是 16 世纪尼德兰绘画的重要人物，作品题材以《圣经》中的世界、农民的生活与风景为主，作品常带有讽刺性意味，被称为"农民的勃鲁盖尔"或"滑稽的勃鲁盖尔"。老彼得·勃鲁盖尔的长子小彼得·勃鲁盖尔（Pieter Brueghel the Younger，1564—1638 年）同样是一位出色的画家，擅长画农民节日、冬景与火灾等，其画作题材虽多取自圣经故事，但形象怪诞，因此被称为"地狱的勃鲁盖尔"。

[8] 虚空画（vanitas）：一种带有象征性的静物画。该词来自拉丁语中的"vanitas"，意思是"虚无"。这一绘画风格盛行于巴洛克时期，尤其是在 16 至 17 世纪的尼德兰地区。虚空画试图表达在绝对的死亡面前，

一切浮华的人生享乐都是虚无的。画中的物体往往象征着生命的脆弱、短暂及死亡。其中常见的意象包括：象征着死亡之必然的头盖骨，象征着腐朽的水果和花朵，象征着生命之短暂的气泡、烟、沙漏和钟表，等等。在许多作品中还展现出反映人类精神生活的一些元素，比如书籍、科学仪器及象征人类欢乐的乐器和烟管等。虚空画具有说教的道德意义，警告人们世间万物既无意义，也非人们想象的那么重要。

[9] 圣加大肋纳（St Catherine）本是异教徒，十多岁便皈依基督。据说她试图劝说罗马皇帝相信迫害基督徒是道德错误。皇帝不能辩赢她，便把她关进监狱并最终判死刑，以碟轮行刑。根据传说，当她触碰轮子时，轮子就坏了，所以她最后是被斩首的。

[10] 1609 年 9 月发生在那不勒斯塞里格里奥的这场斗殴尤为重要，卡拉瓦乔在这个客栈出口遭到 4 名男子的残酷殴打，险些丧命。 这 4 名男子可能是画家伤害过的拉努乔的家庭成员，也可能是马耳他的竞争对手派来的刺客。

[11] 五感（five senses）：亚里士多德将人体的感官分为五种，即触觉、嗅觉、味觉、听觉和视觉。

[12] 雅歌（Song of Songs）:《圣经》中的一卷。

[13] 贝亚特丽斯·琴奇（Beatrice Cenci，1577—1599 年）：年轻的罗马贵族。她和她的家人因持续受到父亲弗朗切斯科·倩契伯爵的虐待，被迫合谋将其杀死。罪行暴露后，贝亚特丽斯与其同伴在受审时遭到残忍的虐待，并被公开处以极刑，这使得她的故事更具传奇性，得以流传后世。

[14] 焦尔达诺·布鲁诺（Giordano Bruno，1548—1600 年）：文艺复兴时期的意大利哲学家、数学家、诗人、宇宙论者和宗教人物。1593 年起，布鲁诺以异端罪名接受罗马宗教法庭审问，被指控否认数项天主教核心信条。布鲁诺的泛神论思想也是教廷关切之重点，被宗教法庭判为有罪，于 1600 年在罗马鲜花广场被公开处以火刑。

[15] 那喀索斯（Narcissus）：河神刻斐索斯（Cephisus）与水泽女神利里俄珀（Liriope）之子。他是一位长相十分清秀的美少年，却对任何姑娘都不动心，只对自己的水中倒影爱慕不已，在顾影自怜中抑郁而终。

[16] 圣山（Sacro Monte）：一种盛行于 15 至 16 世纪的基督教的宗教设施。在山中修建多座建筑，并以绘画或雕刻的形式，按顺序重现《圣经》中的故事，通过巡礼圣山来增强信徒的信仰。皮德蒙特和伦巴第共有九座圣山，其中最著名的就是瓦拉洛圣山。

[17] 圣查尔斯·博罗梅奥（St Charles Borromeo，1538—1584 年）：文艺复兴时期欧洲神学家及罗马天主教会枢机主教，于 1610 年被奉为圣人。

[18] 高登齐奥·费拉利（Gaudenzio Ferrari，1475/1480—1546 年）：文艺复兴时期意大利北部的画家和雕塑家。

[19] 庞修斯·彼拉多（Pontius Pilate）：罗马帝国犹太行省的执政官。

[20] 怪诞的头（grotesque heads）：达·芬奇的一系列素描作品的统称，这些作品所描绘的都是形貌怪异的头像，被视为讽刺漫画之源。

[21] 角色演员（character actors）：在今天，这个术语主要用来指代电视和电影中扮演非常有趣或古怪角色的配角。该术语最早出现在 1883 年版的《舞台》中，该版本将角色演员定义为"扮演极具个性或有怪癖的人"。

[22] 庞奇和朱迪（Punch and Judy）：英国著名的传统木偶戏。

[23] 为赤裸者着衣（clothing the naked）：基督教体系中认为值得称颂的七种仁慈行为之一。卡拉瓦乔的《七善事》描绘的有埋葬死者、帮教囚犯、施食于饥者、给陌生人住宿、照顾病人、为赤裸者着衣和施饮于渴者。

[24] 和平王国（Peaceable Kingdom）：一种从以赛亚书、何西阿书和山上讲道等文本中推断出的末世状态。在亚伯拉罕的宗教中，弥赛亚时代是地球上的未来时期，弥赛亚将统治整个地球，带来普世和平与兄弟情谊，且没有任何邪恶。许多人相信会有这样一个时代。有些人将其称为完善的"神国"或"未来世界"。

［25］奥林匹斯山的三神（three gods of Olympus）：根据希腊神话，三神是奥林匹斯山上最强大的三个神：宙斯 —— 木星，天空和天堂之主；波塞冬 —— 海王星，海洋和地震之主；哈迪斯 —— 冥王星，冥界之主。

［26］从下往上（sotto in su）：这种绘画手法利用透视，极大地缩短了在天顶或其他较高的地方绘制的人物形象，从而使观看者产生一种错觉 —— 这些人物形象好像悬浮在上方的空气中。这是文艺复兴时期艺术家发明的一种画法，尤其盛行于意大利，在巴洛克和洛可可时期达到顶峰。

［27］亨德里克·霍尔齐厄斯（Hendrick Goltzius，1558—1617 年）：荷兰版画家、制图员和画家。他是巴洛克时期或阿尔卑斯山北部风格主义时期荷兰主要的版画雕刻家，因精湛的技艺和细密的线条所呈现出的体量感而闻名于世。

［28］塞尔帕里节（festa dei serpari）：意大利阿布鲁佐地区独特的宗教节日。在五月的第一个星期四举行游行，从中午开始，圣像被四类蛇所覆盖，这四类蛇分别是草蛇、绿鞭蛇、七叶树蛇和四线蛇。游行结束后，所有蛇都在附近的森林中被放生。

［29］赫勒斯蓬特海峡（Hellespont）：爱琴海和马尔马拉海之间狭窄通道的古老名称。今天，它被称为达达尼尔海峡。

［30］圣母马利亚脚下踩的蛇是魔鬼撒旦的化身，正是这条蛇诱惑夏娃去偷吃禁果。《圣经》上描述，上帝对蛇说："你既然做错了事，就必受到诅咒，你必用肚子行走，我又要叫你和女人彼此为仇。你的后裔和女人的后裔也彼此为仇。女人的后裔要伤你的头，你要伤她的脚跟。"但该主题未明确表示是夏娃还是她的后代"新夏娃"踩碎了蛇的头。罗马天主教和新教对此展开了广泛辩论，最后庇护五世站在罗马天主教的立场解决了这个问题，该裁决裁定："圣母在她所生的'他'的帮助下将蛇的头部压碎了。"

参考文献

P. Robb. *M: The Man Who Became Caravaggio*. Sydney, 1998. (Also published with the title *M: The Caravaggio Enigma*. London, 2000.)

C. Puglisi. *Caravaggio*. London, 2000.

J. Spike. *Caravaggio*. London and New York, 2001.

C. Esteban. *L'ordre donné à la nuit*. Paris, 2005.

D. Fo. *Caravaggio al tempo di Caravaggio*. Modena, 2005.

A. Camilleri. *Il colore del sole*. Milan, 2007.

F. Cappelletti. *Caravaggio. Un ritratto somigliante*. Milan, 2009.

S. Schütze. *Caravaggio: The Complete Works*. Cologne, 2009.

S. Ebert-Schifferer. *Caravaggio. Sehen-Staunen-Glauben*. Cologne, 2010.

R. Vodret. *Caravaggio: The Complete Works*. Milan, 2010.

S. Zuffi. *Discovering Caravaggio: The Art Lover's Guide to Understanding Symbols in His Paintings*. New York, 2010.

A. Graham-Dixon. *Caravaggio: A Life Sacred and Profane*. London, 2011.

M.L. Patrizi, F. Witting. *Caravaggio*. New York, 2012.

D. Seward. *Caravaggio: A Passionate Life*. London, 2013.

C. D' Orazio. *Caravaggio segreto. I misteri nascosti nei suoi capolavori*. Milan, 2014.

V. Sgarbi. *Il punto di vista del cavallo. Caravaggio*. Milan, 2014.

C. Strinati. *Caravaggio*. Milan, 2014.

图片来源

已尽一切努力联系图片的版权所有者。未能联系到的或不正确的版权所有者，请联系出版方。

Austrian Archives/Scala, Florence: pp. 74–75, p. 121

bpk/Gemäldegalerie, Staatliche Museen zu Berlin/Jörg P. Anders: p. 50, pp. 174–175, pp. 240–241

DeAgostini Picture Library/Scala, Florence: pp. 72–73, p. 77, pp. 130–131, pp. 216–217

Detroit Institute of Arts, USA/Gift of the Kresge Foundation and Mrs. Edsel B. Ford/Bridgeman Imagess: pp. 42–43, p. 95, pp. 162–163

Foundation Prussian Palaces and Gardens Berlin-Brandenburg/Photographer: Hans Bach: pp. 238–239

Galleria Doria Pamphilj © Amministrazione Doria Pamphilj s.r.l. : pp. 36–37, pp. 89–91, p. 145, pp. 148–149, p. 151, p. 193

Kimbell Art Museum, Fort Worth, Texas/Art Resource, NY/Scala, Florence: pp. 62–63, p. 143, pp. 190–191

MNP/Scala, Florence: pp. 114–115, pp. 228–229

Mondadori Portfolio/Electa/Antonio Quattrone: p. 138

Mondadori Portfolio/Electa/Mauro Magliani courtesy MIBACT: pp. 54–55

Museo Thyssen-Bornemisza/Scala, Florence: pp. 44–45, pp. 64–65, pp. 164–165

National Gallery of Ireland: pp. 134–135, pp. 202–205

Patrimonio nacional, Madrid: pp. 124–125, p. 261

RMN-Grand Palais (musée du Louvre) /Daniel Arnaudet/Jean Schormans: pp. 152–153

Scala, Florence: p. 38, pp. 60–61, pp. 67–69, pp. 78–79, pp. 92–93, pp. 96–97, pp. 99–105, p.107, pp. 122–123, p.133, pp. 156–157, p.160, p.168, pp. 171–173, pp. 176–177, pp. 180–181, p.187, pp. 194–197, pp. 200–201, pp. 206–207, p. 210, pp. 212–215, pp. 218–220, pp. 242–245, pp. 247–248, pp. 250–257, pp. 270–272, p. 277, pp. 282–283

Scala, Florence/Andrea Jemolo: pp. 264–266

Scala, Florence/Courtesy of the Ministero Beni e Att. Culturali: pp. 32–35, pp. 40–41, pp. 52–53, pp. 56–57, p. 71, p. 80, p. 84, pp. 108–109, p. 113, pp. 116–117, p. 129, pp. 136–137, p. 139, p. 147, p. 158, pp. 166–167, pp. 183–184, p. 202, pp. 208–209, p. 231, pp. 268–269, pp. 274–275, p. 280

Scala, Florence/Fondo Edifici di Culto – Min. dell'Interno: p. 47, p. 178, pp. 232–237, pp. 258–259, pp. 278–279

The Metropolitan Museum of Art/Art Resource/Scala, Florence: pp. 86–87, pp. 154–155, pp. 224–225

The National Gallery, London/Scala, Florence: pp. 48–49, pp. 118–119, pp. 198–199

除了图 9 和图 10（出自多里亚·潘菲利美术馆的管理部门）、图 26（出自柏林国家博物馆绘画陈列馆）、图 29（出自爱尔兰国家美术馆）、图 32（出自柏林－勃兰登堡花园和普鲁士宫基金会）和图 55（出自蒙达多利投资集团／伊莱卡／安东尼奥·夸特隆）外，其他完整的作品图片（第 16—29 页）均从佛罗伦萨的斯卡拉获得。

图书在版编目（CIP）数据

细节中的卡拉瓦乔／（意）斯特凡诺·祖菲著；丁
朝虹译．—石家庄：河北教育出版社，2021.8
（细节中的艺术家）
书名原文：Caravaggio in Detail
ISBN 978-7-5545-6335-9

I. ①细… II. ①斯… ②丁… III. ①卡拉瓦乔（
Caravaggio, Michelangelo da 1573-1610）- 传记 IV.
① K835.465.72

中国版本图书馆 CIP 数据核字（2021）第 040073 号

著作权合同登记号　图字：03-2020-205 号

书　　名　细节中的卡拉瓦乔
著　　者　〔意〕斯特凡诺·祖菲
译　　者　丁朝虹
出 版 人　董素山
总 策 划　贺鹏飞　张　辉
策　　划　游拉慕
责任编辑　孙亚蒙
特约编辑　郭小扬
装帧设计　鹏飞艺术

出　　版　河北出版传媒集团
　　　　　河北教育出版社 http://www.hbep.com
　　　　　（石家庄市联盟路 705，050061）
印　　制　济南新先锋彩印有限公司
开　　本　787mm×1092mm　1/12
印　　张　24⅓
字　　数　201 千字
版　　次　2021 年 8 月第 1 版
印　　次　2021 年 8 月第 1 次印刷
书　　号　ISBN 978-7-5545-6335-9
定　　价　258.00 元